迟来的中国金融大变革在迅速重构金融生态，也在迅速改变着中国经济，改变着我们每一个人。

中国金融市场大变局

巴曙松 ◎ 著

北京大学出版社
PEKING UNIVERSITY PRESS

图书在版编目(CIP)数据

中国金融市场大变局/巴曙松著.—北京:北京大学出版社,2006.1
(天下财经)
ISBN 7-301-10262-3

Ⅰ.中… Ⅱ.巴… Ⅲ.金融市场－研究－中国 Ⅳ.F832.5

中国版本图书馆 CIP 数据核字(2005)第 142390 号

书　　　名:中国金融市场大变局
著作责任者:巴曙松　著
策 划 编 辑:林君秀　陈　莉
责 任 编 辑:陈　莉
标 准 书 号:ISBN 7-301-10262-3/F·1319
出 版 发 行:北京大学出版社
地　　　址:北京市海淀区成府路 205 号　100871
网　　　址:http://cbs.pku.edu.cn
电　　　话:邮购部 62752015　发行部 62750672　编辑部 62752926
电 子 信 箱:em@pup.pku.edu.cn
排 版 者:北京高新特打字服务社　82350640
印 刷 者:北京宏伟双华印刷有限公司
经 销 者:新华书店
　　　　　650 毫米×980 毫米　16 开本　16.75 印张　241 千字
　　　　　2006 年 1 月第 1 版　2006 年 1 月第 1 次印刷
印　　　数:0001—8000 册
定　　　价:34.00 元

未经许可,不得以任何方式复制或抄袭本书之部分或全部内容。
版权所有,翻版必究

前　言

如果说，中国经济目前正处于数千年未有之变局，相信赞成的会比较多。实际上，金融体系作为整个经济体系运转的枢纽，在整个经济的迅速变革当中，同样也处于一个大变局之中。作为一名以不同方式参与这个金融变革的研究者和观察者，我也经常为这种引人注目的金融变革而激动。

在从事金融研究工作之前，因为在金融实务部门有过一段不断的工作经历的缘故，同时也因为国务院发展研究中心的政策研究部门的职能定位，我在金融领域的研究重点主要是密切跟踪现实金融市场发展的政策问题。在从事理论性和政策性的学术研究的同时，由于公众对经济政策方面的专业分析和研究报告的需求日益强烈，促使我在参与相关的政策研究和政策讨论的同时，也起草一些关于金融政策的评论。收集在这本书中的文章，都是作者2005年以来写成的。在夏业良博士的积极组织下，北京大学出版社准备将这些文章汇集出版，在文章的整理过程中，才发现已经累积了如此多的散乱的文字，想起原来许多静夜时灯下的辛苦，现在看来也是令人欣喜的。

对于研究人员来说，文字成为与外界、与公众、与学界同仁沟通的主要方式和工具。在大变革的忙碌格局中，能够有机会静下来写一点文章，读一点闲书，真可以说是一种福分。在研究生活中，因为工作性

质的缘故,得以与不少政府部门的负责人有很好的沟通,也与学术界的同仁保持了良好的联系,不少金融机构的工作人员以及一些上市公司、投资者,我都有机会听取他们的许多意见。较之原来在一个相对固定的部门的相对固定的接触范围,在现在的研究机构中,我的接触范围可以说是极大地扩展了。

作研究的同时,我开始应邀在一些高校指导硕士生和博士生,希望把自己在金融部门工作的一些体会以及自己从事研究工作的得失传递给他们。从我自己的成长经历看,研究生阶段导师的帮助,哪怕这种帮助是以严厉批评的形式进行,对我自己的成长也带来了许多积极的影响,成为许多时候我克服困难的动力所在。赠人玫瑰之手,手中还留有余香。我只是希望把我的导师在我的学生时代传递给我的关爱,再继续传递给我的学生们。本书中的一些文章的写作,他们有不少人也参与了资料的搜集整理等工作。另外,牛播坤同学帮助我进行了全书的整理和校订,专此致谢。

最后,我要感谢夏业良博士的热心安排和北京大学出版社的认真工作,使得我自己有机会在我曾经就读过的这所美丽的学校的出版社出版一本自己的粗浅的经济评论。

2005年5月于北京,翠微路

目录
CONTENTS

前言 / 1

宏观金融

人民币会在国际压力下调整吗 / 3
改革年的宏观政策基调 / 8
为什么货币政策对于房地产市场日趋敏感 / 13
当前利率结构和利率定价比利率水平更重要 / 18
期冀的是政府与市场的和谐演奏 / 29
寻求美元下跌的支撑 / 33
中国金融改革的滞后环节 / 37
资金体外循环凸现金融体制缺陷 / 46
分立的金融监管：不能是"各管一段" / 52
中国汇率政策的焦点：国际收支的市场化均衡调节 / 56

金融市场

中国企业海外上市加剧股市边缘化 / 61
股权分置试点的纠错 / 65
个人征信，不仅是个人的问题 / 68
外资进入中国金融业的路线图：制度框架与政策趋势 / 71

殊途同归的中日证券业重组 / 91
港币利率与美元背离中的人民币因素 / 99
卖出一个好的"银行上市故事" / 107
不要误读国债期货被"暂停" / 111
解决股权分置有没有最优方案 / 116
破解股市不确定性的连环套 / 121
也谈国有银行的"上市偏执" / 126
巴塞尔新资本协议在亚洲的实施及其前景 / 130
金融业遭遇"定价困扰" / 138
证券公司退出机制的启动及其发展趋势 / 143

金融对话

为金融领域反腐开方 / 159
金融技术：中国金融市场的深层潜流 / 163
谨防"扩张的陷阱"：保险公司与证券公司的发展之路 / 183
操作风险管理成为中国银行业"软肋" / 201
寻求中国股市的"政策之底"与"市场之底" / 207
资本监管引发中国金融市场大变局 / 214

目录 CONTENTS

游记与书评

跨越这一湾浅浅的海峡 / 241

是日本银行界的问题,也是亚洲银行界的问题
——评吉莲·泰特的《拯救日本——泡沫崩溃后的银行危机与华尔街行动》/ 247

抚摸美国证券市场的伤痕——评约翰·S.戈登:《伟大的博弈》/ 252

南美归来话信用 / 257

后记 / 259

宏 观 金 融

人民币会在国际压力下调整吗

2005年3月,中国国家总理温家宝在答记者问时表示:人民币汇率的调整将"出其不意"。这使得一直关注人民币汇率走势的国内外投资者意识到,人民币汇率会成为2005年中国宏观政策的最大悬念。4月,美国参众两院先后以不同的形式指责中国操作人民币汇率,使得人民币的政策悬念增加了国际色彩。

一位日本的汇率专家在与中国专家讨论当年日本错误的汇率政策导致泡沫经济的痛苦历程时曾经总结说,日本在汇率政策上的一个教训是,不要低估了美国的影响力。

同样是汇率,同样是升值压力,不能不使人把现在的中国与当年广场协定前后的日本进行对比。

美国的政治家似乎认为,通过促使人民币升值,就可以缓解美国的经常账户逆差。2004年美国的贸易逆差超过6 000亿美元,已经占到GDP的5.5%。从目前的趋势看,这种趋势还会继续。无论是经济学的理论还是现实的常识都告诉我们,没有任何一个国家可以任由

其贸易逆差无限度地扩大,即使美国这样拥有美元的储备货币地位、较高的劳动生产率、较为年轻的人口结构等,目前的这一贸易逆差格局也是难以持续的。美国可以选择的政策十分清楚,或者是实行紧缩性的宏观经济政策,包括减少财政赤字、提高利率以压缩消费,从而扭转国内储蓄持续低于国内投资的格局。这显然要经历一个经济和政治上的调整的痛苦,可能会还遭遇不小的政治阻力。

这样,美国政治家的一个回避内部经济调整矛盾的选择,就是推动美元的贬值。据研究表明,如果完全期望通过美元贬值来化解美国的经常账户逆差问题,美元至少要再贬值30%—40%。这同样不是美国所希望看到的。实际上,急剧的美元贬值会引起美国通货膨胀、利率水平急剧提高,因此,美国希望其他国家的货币升值以缓解美元的贬值压力。从客观上说,这是美国积极促使人民币升值的根本原因之一。

这种方法会有用吗?至少历史上发挥过一次作用。里根时期美国同样遇到财政赤字和贸易赤字的双重压力,最后是通过广场协议,其他国家的货币尤其是日元大幅度升值、美元大幅度贬值解决了这一问题。但是,这一次美国似乎找错了替罪羊。以中国目前的有限规模,人民币汇率即使大幅度升值,对于美国的贸易状况的改善的影响也是十分有限的。美国的贸易逆差超过了6 000亿美元,中国的顺差只有400亿美元,即使通过人民币升值全部消除中国对于美国的顺差,也并不能扭转美国的贸易格局,更何况中国与美国的贸易结构存在巨大差异,双方的贸易更大程度上是互补的,中国出口的大量廉价劳动密集型商品也极大提高了美国人的生活福利。另外一个可以反思的是,国际上与中国经济规模差不多的国家,例如法国、意大利等,这些国家的货币升值10%,能够对美国的贸易结构产生多大的影响呢?

从全局考察,目前美方迫使人民币升值,并不一定会形成对美

有利的格局。目前的人民币汇率机制所形成的事实上的盯住美元的汇率制度，使得中国积累的大规模的外汇储备在以美元为主要形式持有时，为美国的国际收支失衡和财政失衡提供了融资支持，同时也有利于美国维持一个有利于增长的低利率水平。人民币升值可能会打破这种脆弱的平衡。一部分美国的政治家过分关注短期的贸易摩擦问题，反映了这些政治家经济上缺乏宏观眼光。

实际上，以中国与美国这两个高度相互依赖的经济看，美国如果试图单方面采取什么大规模的关税措施，不仅效果会十分有限，而且最终也会对美国经济产生深远的负面影响。

以中国的汇率决策逻辑和过程看，中国作为一个大国经济，更多考虑的是通过汇率的主动调整和汇率形成机制的改革，来促进中国经济的内部与外部均衡，控制外汇汇率风险。如果美国的部分政治家仅仅片面考虑自身利益，在美国对人民币汇率调整的可能影响进行客观评估的情况下盲目施加压力促使人民币升值，可能会在中国经济界产生一种强烈的抵触和反感情绪，这种反感情绪反而可能在中国经济本来也需要一定程度的升值时，使经济决策者不愿意采取升值措施。在当前的国际经济格局下，美国要调整其贸易结构，还是回到国际政策的协调上来更为有效，特别是美、欧、日三方。美国应当积极增加国内储蓄，欧洲和日本应当推进结构改革和刺激内需，同时，包括中国在内的亚洲国家应适当调整汇率制度和汇率水平，形成一个协调运行的新格局。

从历史发展看，中国实行的汇率制度，在1994年外汇管理体制改革时强调的是有管理的浮动汇率制，根据经济金融状况及时进行有管理的浮动应当是人民币汇率题中应有之义，人民币汇率从1994年的1美元兑8.7元人民币稳步升值到1997年的1美元兑8.28元人民币。只是在1997亚洲金融危机以后，中国作为一个负责任的大国，为了履行稳定亚洲金融体系和外汇市场的国际责任，人民币有管理

的浮动汇率制度在实际执行中变成了"盯住美元"的固定汇率制度,一直基本稳定在 1 美元兑 8.28 元人民币的水平。现在如果扩大汇率的弹性,只不过是回到有管理的浮动汇率制度的本义。

对于中国来说,在人民币汇率制度的调整上,现在应当抛弃的,是新兴市场所经常可能遭遇的"浮动恐惧"、"升值恐惧",并积极推进改革,为人民币汇率的浮动幅度加大和人民币汇率水平在"出其不意"的时候进行适度的重估创造条件。在一些基础性的市场条件不具备时贸然加大人民币汇率的幅度和汇率重估,可能会对中国经济形成显著的冲击,不仅不利于中国经济的持续稳定增长,对于全球市场也必然会形成一个震动。可以看到,中国在近年来为扩大汇率浮动幅度已经进行了全面的充分准备,这主要包括全面的国有银行的重组极大地提高了银行体系的风险抵御能力,外汇市场的发展也为汇率的浮动提供了市场基础,中国利率体系的市场化也为汇率的市场化提供了前提条件。

实际上,一个相对完善的外汇市场是市场化的国际收支调节的基础之一。外汇市场发展的基础之一,则是让商业银行和企业成为真正的市场主体。对于企业而言,主要是改进强制结售汇制度,增强企业支配外汇的自主权,让企业成为使用外汇的真正主体。对于银行来说,则是使得商业银行能够自主决定外汇市场的交易行为,其中最为关键性的制度之一应当是做市商制度,使得中国的外汇市场在做市商制度基础上成为一个多元化、分散化的市场。另外,发展外汇市场的风险管理工具也是一个重要的因素。如果外汇市场没有风险管理工具,汇率的波动,只能给企业带来汇率风险,但是企业却缺乏主动的管理手段。扩大外汇市场的交易主体也是发展外汇市场的重要内容,目前中国的外汇市场上的交易主体都具有同质性,在外汇的供求上容易形成同向波动,而一个相对平稳的外汇市场需要交易主体的多元化。

我们可以看到，随着中国的国有银行股份制改革全面推进，中国推出汇率形成机制改革的条件已经基本具备，目前的问题主要只是时机的选择问题了。究竟什么时机最为合适？中国政府的回答就是"出其不意"。

尽管我们不能确定中国何时调整汇率，但是至少可以确定的一点是，人民币汇率的调整，主要是在考虑经济运行的内部和外部的均衡基础上决策的，同时在中国力所能及的范围内与其他国家一起共同承担国际经济政策协调的责任。

改革年的宏观政策基调

2005年被称为"改革年",如何针对2003年宏观紧缩以来中国经济运行中暴露出来的一些体制性的缺陷进行改革,不仅影响到体制的运行效率,也直接影响到宏观调控的进展。2005年1月和2月,CPI飘忽的走势(1月份CPI增幅低至1.9%,2月份却跃升3.9%)再次让人担心宏观经济的走势,如何巩固宏观调控成果的话题引人关注。对于我国当前宏观调控成果的反复,一方面说明了非市场化的调控手段的短期性和局限性;而另一方面更是我国经济运行中一些依然尖锐的体制性矛盾外化的表现。在宏观调控复归市场化轨道的过程中,应当注重与体制改革的协同推进和双向互动。

一、当前宏观调控的新趋势

第一,物价走势主导宏观调控基调。

在这样的基调下,当前一些因素仍然值得关注:(1)原材料价格的持续高位运行的压力,例如从2005年4月1日起,国内进口铁矿石价格上涨71.5%,除直接提高我国的产钢成本外,可能由于连锁反应推动CPI上涨。而2004年以来有关部门对某些上游产品的价格管制的逐步松动,也对CPI的上行形成压力。(2)物价上涨的滞后效应将逐步显现。从2002年11月到2005年2月的28个月间,生产资料价格一路上扬,但居民消费价格并没有遵循以前的规律同步上扬。虽然价格传导机制呈现效应减弱、时滞延长、上涨幅度缩小的特点,但下游工业消费品价格上涨的压力正在集聚。(3)土地、资金、劳动力和资源、公用事业等的生产要素价格存在市场化程度较低,价格被严重低估的现象,成为投资过热的诱因之一。随着要素价格市场化进程的加快,如目前局部城市已经开始调整公用事业和工资价格,"民工荒"和煤电油运紧张背后也隐藏着潜在的涨价压力。

第二,资产价格,特别是房地产价格得到宏观调控决策的进一步重视。

按照现代经济学的观点,货币政策制定者稳定价格水平的努力应该针对更广泛意义上的对象,除了商品与服务,还应该包括如股票、债券以及房地产等的价格波动。实践中,近年来西方国家房地产价格与CPI物价指数的偏离令决策者和经济学家更多地关注资产价格的走势。美国在过去一两年里,扣除油价和粮价的核心通胀率并不高,为什么美联储要加息?一个非常重要的原因就是美联储非常担心,发行足够多的货币容易推动以房地产为代表的流动性泡沫。

我国2003年以来的宏观调控中,房地产市场的走势一直成为货币政策决策的重要参考指标。从央行121号文件,一直到2005年3月17日调整商业银行自营性个人住房贷款政策,均是如此。应该说,我国的房地产市场是在低利率的摇篮里诞生的,尚未经历过一次非常完整的利率波动周期的洗礼,开发商和购房者的利率风险意识远比西方国家投资者淡漠,而且房地产业对银行贷款的依赖程度很高,积累了大量的风险。因此,房地产价格一旦存在着背离基本面价值的倾向，就会对脆弱的金融体系形成潜在压力，决策者必须提前干预。

第三，调控手段走向市场化、多元化，财政政策与货币政策的协调开始起步。

自从国家2004年初实行新的宏观调控措施以来，我国就已经果断及时地进行了财政税收政策的调整与配合，如长期建设国债规模的下调，一些以国债筹资建设的项目资金拨付进度有意放缓。在2005年财政政策方向转向稳健后，我们可以看到，财政税收政策开始尝试与货币政策的协同配合，逐步从以国债手段为主转向以税收和财政贴息手段为主，刺激总需求。一个明显的例证就是，在央行调整商业银行自营性个人住房信贷利率的前后，税收部门表示将课征房地产交易税以抑制房地产市场的投机需求。在两项政策的协同配合下，我们可以看到宏观调控的手段将会呈现进一步的变化。如在货币政策工具方面，从2004年10月底的加息和2005年3月16对于房贷利率的调整中可以看到，金融调控从前期"以数量型工具为主导"转向"充分利用价格型工具"的新阶段，通过影响资金成本从而对资金的供给和需求都产生影响。宏观调控的主要手段将逐步走向间接化、柔性化，替代一些震荡太大、与市场化取向相悖的行政性调控手段。

二、宏观调控与市场化取向改革配合的下一步

始于1993年的那一轮宏观调控在业界留有良好的口碑，在于中央对于经济过热急刹车之后，着力推进了财税制度改革、汇率制度改革、住房制度改革和物价体制改革等一系列改革措施，使得经济运行驶入良性轨道并平稳度过了亚洲金融危机。当前加强和改善宏观调控，其核心是要在政府和市场之间寻找适当的边界，为宏观调控措施的实施创造有效的传导机制，完善微观经济主体的公司治理结构，使之对宏观调控产生合乎理性的反应，改善宏观调控工具，使之更为市

场化。

第一,出台投资体制改革配套措施。

宏观调控政策层面的各项措施(特别是总量政策类经济手段)对市场周期性投资膨胀的治理较为有效,而体制性投资膨胀的治理则需要通过深化投资体制改革来实现。国务院在这一轮宏观调控的关键时刻及时出台了深化投资体制改革的有关决定,抓住了宏观调控中诸多矛盾的关键。为巩固宏观调控成果、实现标本兼治,政府应落实投资体制改革的具体措施,向社会各类投资主体明示新的投资领域行为规则,以引导投资需求健康增长,遏制低水平投资扩张,包括政府在企业投资核准环节中对维护经济安全、合理开发利用资源、保护生态环境、优化重大布局、保障公共利益、防止出现垄断等方面进行核准的具体操作细则和规范企业投资行为的相关法律法规,以避免在执法环节上出现执法力度时紧时松的现象。

第二,推进要素价格形成的市场化改革。

要素的市场化改革也将是下一步改善宏观调控和改革的着力点。从传递出的各种政策信息来看,土地管理方式改革、资金市场化、劳动力保护和资源市场化已经或者正在被纳入下一步的政策重点。在贷款利率上限放开以后,以数量调节为主要特征的货币信贷调控将会加快向价格调节方式的转变,更大程度地发挥利率在资源配置中的基础作用,进一步推进利率市场化。另外,目前看来,汇率形成机制改革的时机正逐步走向成熟,步伐将会适度加快,汇率浮动区间将适当扩大,加快金融市场基础建设,为外汇体制改革奠定基础。而建立可行的市场化土地管理体制也是下一步重要的改革目标。"管住土地"只是阶段性行为,目前,不少地区土地供应紧张问题凸显,一些合理的需求不能得到满足,这势必影响经济的正常增长。在地价形成、征地补偿、土地批租、土地收入的使用和管理方面形成规范的、合理的、有效的机制,对巩固宏观调控成果和促进经济的合理增长有重要意义。

第三,深化金融体制改革和财税体制改革。

在当前过分依赖间接融资的背景下,金融体制改革仍是最紧迫的任务。过多依赖银行系统的间接金融积聚了巨大的金融风险,而资本市场尤其是证券市场体制障碍严重阻碍了市场发挥配置资源优胜劣汰的作用,从而使资本市场促进企业效益改进的职能无法实现。造成一些特定行业投资过热的一个很重要的因素,是一些地方政府的行政倾斜使得项目投资中成本收益比发生了人为扭曲。而在中央和地方的人事权、财权划分不明确的情形下,地方政府发展经济的积极性越来越高,承担的经济责任越来越大,但是在现有分税制框架下,地方政府的财政收入不能满足公共开支的需要,是造成所谓盲目重复投资和低水平扩张的深层次原因。如果中央和地方的利益矛盾没有形成新的协调机制,各级政府的财权和事权没有得到合理划分和规范,就很难保持宏观调控的成果。

为什么货币政策对于房地产市场日趋敏感

按照一般的金融学教科书来说,货币政策作为总量政策,应当主要关注总供求的波动及其走向;对于房地产市场等微观市场的波动和走势,货币政策不应过于敏感,其可能产生的影响也比较有限。但是,随着全球金融市场和房地产市场的发展,这一让人习以为常的金融格局正在悄悄发生变化。无论是美国这样的成熟市场,还是像中国这样的新兴市场,都是如此。

经过"9·11"以来的经济调整,美国经济重新步入上升趋势,在保持较快增长的同时,物价水平并没有明显的上扬。在这一背景下,美联储依然十分坚决地连续加息,显示主导美国货币政策的主要因素在悄悄出现变化,其中一个十分重要的原因,就是货币政策决策对于房地产市场走势更为敏感,更为关注房地产市场的走势;尽管美国总体的物价水平并不高,但是美国的房地产市场持续大幅攀升,根据华尔街日报的报道,美国有的地区一套住宅可以在一天之内两次转手,使得美联储担心美国经济陷入低物价水平下的"流动性资产泡

沫",担心过于充足的流动性推动美国房地产泡沫的持续形成与扩大。特别是近年来,美国的房地产市场已经越来越成为一个用于投资的资产市场。

在中国的货币政策决策中,房地产市场的影响力也在提高,在2003年以来的宏观调控中,房地产市场的走势一直成为货币政策决策的重要参考指标。从121号文件,一直到2005年3月17日调整商业银行自营性个人住房贷款政策,均是如此。

2005年3月17日推出的商业银行自营性个人住房贷款政策的调整,主要是将现行的住房贷款优惠利率回归到同期贷款利率水平,实行下限管理,下限利率水平为相应期限档次贷款基准利率的0.9倍。同时,提高准入门槛,对房地产价格上涨过快城市或地区,个人住房贷款最低首付款比例可由现行的20%提高到30%。

从整个货币政策的决策看,除了体现出货币政策对于房地产市场的日益提高的敏感性之外,还显现出房地产融资政策的调整。

首先,中国房地产市场的宏观调控政策从2004年的供给导向转向了需求导向。2004年,宏观调控的初衷也许是希望抑制房地产价格的过快上涨,但实际采取的政策却在客观上推动了房地产价格的上升幅度。为什么?因为主导性的调控思路是从供给方着手的。由于强调管住土地,减少了房地产商的土地购买量;强调管紧信贷,用于房地产开发的资金也随之减少,从而使市场的房地产供给减少。产生的实际效果是,在宏观调控的作用下,房地产市场的供给下降得更快,需求下降得有限,最后,房价以比原来更快的速度在上涨,对房价的控制力却在下降。

这次政策的出台,一个很重要的转变就是开始转向了需求导向,从购买一方进行调节,如适度提高准入门槛,适当提高贷款利率。

其次,中国的房地产贷款利率将会进入一个自主定价、差异化的新时代。过去,房地产信贷享受比较低的利率,最近,关于住房抵押处置等有关法律规则的调整,局部地区房价的上扬,使商业银行的信贷风险有所提高。例如,高法关于抵押住房处置的规定,只要证明抵押住房是自住用的生活必需品,哪怕是从银行贷款的,银行都没有权力进行处置拍卖,这实际上使得相当一部分商业银行的抵押贷款变成了信用贷款。金融市场的根本运行规律是风险和收益的对称性,在风险溢价时应寻求溢价风险的收益补偿。因此,银行要么收缩贷款,要么提高相应的利率水平。是符合市场运作规律的必然反映。

2004年10月29日,中国人民银行取消了商业银行贷款浮动的上限,2005年3月17日发布的规定里,开始为商业银行在房地产贷款领域进行差别的利率定价提供了可能。这意味着商业银行对不同的项目,不同经济周期的不同阶段分别可以给出不同的利率水平。因此,可以肯定的是,银行的利率定价在房地产领域会进入一个差异化的时代。不同的房地产项目,不同的房地产商,不同购买人的贷款利率都会有比较大的差异。而随着金融机构自主定价能力的提高,未来的差异化将更趋明显。

因此,无论是国际还是国内的市场,房地产行业对于利率政策、乃至整个货币政策的基调及其走向,会具有越来越大的影响力。在全球一体化的背景下,中国经济面临的流动性泡沫问题与美国相仿。在这种潜在的压力下,如美国的货币政策决策中面临的问题一样,可能扣除油价和粮价等上涨后的核心CPI并不是很高,但由于房地产市场有比较高的涨幅,作为一个利率敏感部门,房地产行业对于利率水平的影响权重将越来越大。

流动性充足条件下,可能形成流动性的房地产泡沫陷阱,是目前不少国家的货币政策决策者所担忧的关键性问题,在不同的国家和地区,这种流动性房地产泡沫的形成机制可能会有所不同。例如,在中国经济对外依存度不断提高的环境下,中国的房价上涨有其现实的结构性原因。

中国的经济结构与房地产价格有直接关系。改革开放以来,货币的超量发行集中体现在 M2/GDP 比率居高不下,已经高居全球之首。目前中国经济的对外依存度居高不下,贸易部门的价格由全球市场的供求共同决定,难以吸收这些多余的流动性。在这一背景下,作为一个不可贸易部门,房地产市场吸收超量发放的货币就成为一种可能,这在很大程度上可以解释过去两三年来房地产价格在局部地区的持续大幅上扬。

在当前的汇率制度和货币政策决策机制下,外资在参与中国房地产市场投资方面具有十分充足的理由。在面临一定程度的人民币升值预期条件下,假如人民币汇率升值,外资可以坐享升值带来的好处;如果人民币坚持不升值,在当前的事实上的固定汇率制度下,大量外资的流入和货币的投放,将推动房地产价格大幅度上扬,外资照样可以从房价中获取可观的收益。另外还有不同金融市场间的利差收益。现在,中国香港等地的贷款利率较低,不少人在香港贷款,在中国内地买房,中间还能够节省相当一部分利差。因此,如果没有汇率形成机制的完善和汇率波动幅度的加大,以及有效控制通货膨胀的政策举措,外资流入房地产市场在 2005 年可能还是一个可以预期的持续的趋势。

从国际化的眼光和金融业的角度看,基于房地产市场的多样化以及参与房地产市场的市场主体的投资动机和风险承担能力的巨大差异性,不能以单一化的观点看待房地产市场。更准确地说,房地产市场并不是一个单一的"market",而是具有巨大的地区差异、收入差异、市场对象差异的多元化的"markets",在不同的房地产子市场上,金融运行规律都有巨大的差异,因此对于中国这样复杂的房地产市场,必须分层次看待。例如,以外资为主要对象的高档房地产市场和以国内居民为主的中低档房地产市场,其价格走势显然有巨大的差异,以外资为主要对象的高档房地产市场的价格基本上以与国际价

格相似的趋势波动,而以国内居民为主要对象的中低档房地产市场则需要考虑居民的支付能力和消费能力,不能把两类市场简单归并考察。同时,衡量房价是否过高,考虑到中国的收入的不透明性,不能仅看房价和每个月的支付水平之比,要看支付能力的提高和房价的上升之比。如果收入增幅快于房价升速,表明购房者的承担能力在提高。事实证明,中国人在过去十年的收入上升速度快于房价的上升速度。

我们经常批评房地产投资增长过快、过热,这是一个非常狭隘的统计。实际上,长期以来,中国城市居民的住房的主要来源渠道是单位自建房,集资建房等,住房商品化程度有限。如果在统计口径中把单位自建房以及其他种种形式的非市场化建房规模剔除,加上目前统计的市场化形式进行房地产市场投资规模的话,近几年来,中国全口径的房地产投资的增幅是有限的。因此,从发展趋势看,在防范局部地区形成流动性房地产泡沫的同时,从全局看,宏观政策应当在积极支持形成有效的房地产供给基础上,来满足不断提高的需求,才是一个根本的政策趋势。

当前利率结构和利率定价比利率水平更重要

一、利率结构和利率定价成为 2005 年利率政策的主题

2005 年中国的利率政策的重点在哪里？目前看来,具体的利率水平的调整当然值得关注,但是,在相对有限的利率水平调整的预期下,合理的利率结构和市场化的利率定价已经日益明显地成为 2005 年利率政策的主题。即使 2005 年推出一定幅度的利率上调政策措施,但是更为引人注目、对于金融体系影响更为深远的,将是利率结构调整和利率定价。

实际上,这两个重要的主题正好体现在 2005 年 3 月 17 日实施的两项利率政策上。为促进房地产业健康、持续发展,中国人民银行决定,从 2005 年 3 月 17 日起,调整商业银行自营性个人住房贷款政策:一是将现行的住房贷款优惠利率回归到同期贷款利率水平,实行下限管理,下限利率水平为相应期限档次贷款基准利率的 0.9 倍,商业银行法人可根据具体情况自主确定利率水平和内部定价规则。同时,金融机构在人民银行的超额准备金存款利率由现行年利率

1.62%下调到0.99%,法定准备金存款利率维持1.89%不变。

稍微解读这项政策就可以发现,因为高法关于抵押住房的规定以及局部地区的房价上扬,使得商业银行在房地产行业面临的违约风险在加大,因此,从风险收益对称的基本金融原则出发,银行体系或者是提高贷款利率,或者是提高准入的门槛,以此来应对提高的风险水平。这就涉及利率定价问题。

而超额准备金利率的下调,则是顺应国际趋势,逐步降低乃至取消超额准备金利率,促使商业银行更为积极有效地运用资金,而不是在信贷紧缩的政策环境下被动地依靠上存央行来获得利益。这涉及利率结构的合理化问题。

实际上,在2005年3月5日温家宝总理在第十届全国人民代表大会第三次会议上作《政府工作报告》时表示,要稳步推进利率市场化和人民币汇率形成机制改革。此前,2005年1月31日,央行发布了《稳步推进利率市场化报告》,对中国的利率市场化改革战略再次进行了总体部署,指出利率市场化改革的核心在于建立起风险与收益对称的定价机制。

从当前的金融趋势看,目前较佳的利率结构应是短期利率适当高企,以抑制投资过热;同时中长期利率维持相对稳健,以保持经济中长期增长的活力,但在目前的货币传导机制和金融微观基础之下,央行通过调控达成上述利率结构的难度不小,这也涉及利率结构的调整问题。

二、利率调整需要关注的主要因素

首先,作为利率政策的关注目标,应当是核心物价指数。目前,中国的CPI作为一个滞后性的统计指标,在2004年不但没有有效地体现和传导上游生产资料价格的上涨,而且由于其选择参考的商品篮子没有透明度,使得CPI本身信息含量十分有限,无法用这个指标

准确衡量当前以及未来的物价走势。历史数据表明,中国的生产资料价格上涨在2004年并没有有效地传导到生活资料。数据表明,2002年11月,国内生产资料价格开始上扬,而生活资料价格上涨则迟了14个月,直到2004年1月才显现出来;目前生产资料与生活资料价格同比涨幅的差距已由2004年初的4%持续扩大,企业的生产成本快于产品价格的上升,充分证明上游产品对下游产品的价格传导机制目前不通畅。2005年上游产品价格将以何种方式向下游传导,无疑才是判断2005年物价走势,特别是核心物价指数走势的关键。而物价走势的明晰化,才直接决定2005年利率政策操作的力度和方向。

历史表明,如果中国的GDP连续两年的增长超过9%,到第三年物价上升会较大;煤电油运等能源价格上涨对CPI的传导会继续显现,而许多地方的水电燃气、交通等公共服务品调价压力很大,这一切都会给2005年的物价造成较大的上升压力。

其次,利率敏感部门的走势也十分重要。在当前的中国,这主要表现为房地产市场的价格走势。美国近期的利率上调,是在核心物价指数并不高的条件下推出的,其中一个重要的原因,就是美联储密切关注利率敏感部门——房地产行业的价格走势,担心充足的流动性会带来流动性泡沫,从而给金融业带来潜在的风险。目前,房地产行业的走势越来越影响到利率政策走向。2004年房地产行业在短期调整之后的迅速上升,在很大程度上是因为当时的通胀水平造成负利率的实际状况,从而使得资金异常便宜,投资活动具有天然的扩张冲动。一旦行政控制放松,就可能很快出现以房地产为代表的投资的上涨,并带动钢材价格的上扬。换言之,如果利率不能反映资金的稀缺程度、不能反映正常的资金供求关系,宏观调控即使暂时取得明显的效果,但是调控效果也可能因为缺乏价格信号的配套支持而难以巩固,房地产和钢材价格的上扬就足以说明问题。有一些看法认

为,房地产等行业是所谓暴利行业,对于轻微的利率水平的调整缺乏敏感,实际上,这种判断并没有意识到当前中国房地产市场已经出现的显著的变化,以抵押贷款为主要融资来源的住房购买者,和严重依赖银行贷款的房地产公司,都使得利率的调整已经成为影响房地产市场最为关键性的市场因素之一。

第三,储蓄下降明显和资金的体外循环有关,也是考察利率走向的重要影响因素。这从根本上说与通货膨胀预期加剧和事实上的负利率水平有关。资金的正规市场和非正规市场同时存在,是否会发生替代、在多大范围内出现替代,其重要的参照指标是实际利率的水平,如果管制的利率出现明显的负利率水平,资金就可能进入非正规市场,影响调控的效果。

第四,从宏观政策的发展方向看,在初期以行政调控为主要特征的宏观调控取得明显效果之后,宏观调控方式向市场化的调节方式转变是一个必然的方向,在目前的阶段,其中一个重要的内容,就是通过利率的调整来巩固宏观调控的效果。这主要包括两个方面的内容,其中一方面是利率水平的调整,另一方面是利率的市场化及利率管制的放松,特别是利率定价和利率结构的调整。

第五,如果考虑到当前的国际市场的利率走向,利率上升的压力同样存在。在当前的汇率制度下,即使考虑到一定程度的资本项目管制,美元和人民币之间利率水平的互动影响十分明显。美元在连续加息之后,对于减少投机性资本的流入有积极作用。但是,在一定状况下,人民币和美元利率水平不能形成过大差距。如果说2004年中美元的第一次加息是美元利率开始进入上扬通道的一个信号的话,那么,美元的第二次加息则表明美元正式进入加息周期,正式结束了利率的下降通道,进入利率上升周期。从人民币与美元的互动关系看来,人民币利率进入一个加息周期也是近期的一个必然趋势。

三、利率市场化环境下金融业面临空前的利率定价能力挑战

从功能角度考察,金融行业的实质,在于通过承担风险来获取收益,因此,无论是银行业、证券业,还是保险业,如何对风险进行准确的识别、衡量、定价和控制,是市场经济条件下金融机构最为关键的核心竞争力。但是,在相当长的时期内,因为严格的管制,金融业很少有定价的自主权,以至于现在不同的金融机构几乎都在一定程度上丧失了定价的能力。

在计划管制条件下,金融机构只需根据监管机构指定的价格进行金融交易,无论这种交易是发放贷款、发行股票还是销售保险,金融机构能够决定的往往只是交易的规模,所以金融机构的年度工作计划,往往考核的是规模:存款和贷款的规模、发行股票的规模、销售保险的规模。至于这些规模中蕴涵的风险是多少、监管机构确定的价格是否能够准确反映业务中的风险,几乎没有考虑。

因此,随着市场化的推进,当监管机构逐步把定价权转移到金融机构手中时,不同领域的金融机构几乎同时遭遇了"定价困境":缺乏足够的数据、足够的经验、足够的激励约束、足够的投入等,来进行准确的定价。

在银行领域,表现为利率市场化带来的贷款利率定价的困扰。2004年10月28日央行的利率调整,最为影响深远的政策调整之一,就是取消了贷款上浮的限制,商业银行可以自主根据企业和具体业务的风险状况进行定价。在央行对利率实行严格管制的时期,最多时制定有370多种不同的利率种类并要求商业银行执行,商业银行常常因为执行了错误的利率种类而被罚款。而目前的趋势是,央行将主要负责基准利率的调节,其余不同种类的利率水平将由金融机构自主确定。哪些商业银行能够更准确地使用利率杠杆,对不同风险状况的客户进行准确定价,这些银行就能够以合理的价格争取优秀

的客户,也就能够以合理的利差争取中小企业等风险相对较高的客户。商业银行的竞争将真正从原来的规模竞争转向价格竞争,转向风险定价和金融创新的竞争。2005年2月1日,央行发布了《稳步推进利率市场化报告》,强调了在2005年要继续稳步推进利率市场化改革的政策信号,特别强调要促进金融机构提高贷款风险定价的能力。

实际上,衡量商业银行竞争力的关键性指标,并不在于银行的资产规模,而主要在于净利差水平、资产回报率、资本回报率等,特别是在银行依然以存贷款利差作为主要盈利来源的业务环境下,银行如果能够以更低的利率吸收存款、更高更准确的利率发放贷款,银行的净利差才会越高,盈利能力才会越强。不少研究者强调,外资银行之所以积极希望拓展人民币业务,主要原因是在于人民币业务的官方利差较大,如当前事实上的存款负利率和相对较大的贷款利差,成为银行重要的活力来源。与此形成对照的是,海外成熟市场的利率基本上已经市场化,银行之间的激烈竞争导致银行获得的净利差在降低。实际情况并非如此。以香港市场上的几家国际性银行为例,尽管近年来香港市场上的贷款竞争十分激烈,汇丰银行、渣打银行等国际性的商业银行的净利差都分别高达3.22、2.80。中国的国有银行中,中国银行的净利差仅在1.7左右,中国工商银行也仅仅在2.01,定价能力表现得最强的上海浦发银行和招商银行也只有2.44和2.36。可以预计,引入利率市场化的竞争之后,中国的商业银行之间的分化会更为剧烈,那些不能准确对风险进行定价的商业银行的净利差会继续降低,即使这些银行的存贷款规模扩张得再快,盈利能力也并不会相应上升。

2004年的宏观调控,最有代表性的政策举措是"管住土地,管紧信贷",限制信贷的主要举措,是对政府认为过热的、以钢铁和房地产等为代表的几个行业的贷款进行严格的行政控制,不少国有银行干脆把这些行业的贷款权限统一上收到总行。这种行政措施的积极意

义是见效快,但是负面作用也十分明显,就是如果采取"一刀切"则对经济体系的冲击大,如果采取"有保有压"则可能产生寻租。假定商业银行具有完善的风险定价能力,能够通过自身的风险识别和判断,清晰地把握不同行业的过热倾向并相应提高这些行业的贷款利率,那么,实际上是无需这种强烈的行政紧缩的。一个运转良好的商业银行风险定价体系,能够以适当的价格把资金提供给最为需要的资金运用者、从而提高资金的运用效率,同时,也通过这种灵活的利率定价的调整,促进经济的平稳运行;而一个不能很好地对风险进行定价的银行体系,往往会盲目地向高风险行业以较低利率贷款,从而成为经济大起大落的推动力量。

四、适度存款负利率的储蓄分流作用

2004年10月28日的利率调整,在利率改革方面传递出来的一个十分清晰的利率政策导向信号,就是维持适度的利率、在特定的阶段可能还是负利率,促使储蓄从银行体系适当分流,为银行基于资本充足监管要求基础上的资产负债结构调整提供更为灵活的空间。在这一政策导向下,适度的资金分流应当是情理之中的,特别是考虑到特定地区的民间融资,已经呈现出至少不低于官方金融体系的更高的融资效率。例如,在浙江温州的一些融资活动中,产生的不良资产的水平明显低于现有官方金融机构,这是因为这些民间的融资活动已经形成了相当有效率的风险监控体系,比如构成借贷关系的双方互为乡邻,对于相互的偿还能力比较了解,信息不对称程度较低。

对于民间融资或者资金的体外循环,目前主导性的观点似乎以批评为主,例如对冲了信贷紧缩的效果、可能导致局部的金融风险的累积、对官方的金融活动形成替代与冲击等。实际上,在讨论民间融资活动及其影响之前,需要对民间融资进行适当的区分,至少我们可以简单划分为两类:一类是以诈骗等为主要特征的非法融资,一类则是基本合法或者至少没有明显的违法行为的融资。应当严厉打击的,只能是非法融资的部分,而并不违法的部分民间融资,实际上包含了中国的融资结构中急需完善的结构性问题。

目前对于非法的融资活动,实际上主要的问题并不是如何打击的问题,而是打击力度不够、法规不够完善、实施不够有力的问题。从目前的非法融资活动看,欺骗的性质也有花样翻新、不断推陈出新的趋势。除了原来赤裸裸的欺骗之外,目前一些地区出现了用植树造林承诺高额回报、养蜂集资以及高价购买并租赁等方式进行欺骗,而且欺骗的手段更隐蔽,跨地区的欺骗活动所占的比率更高。

要对民间融资进行区分,首要的线索就是私募与公募,或者说融资者面对的是普通公众,还是有一定风险识别和风险承担能力的机构投资者和富裕人群。换言之,即使在再活跃、发达的融资体系中,私募形式的民间融资始终有其特定的发展空间,并不能简单地一棍子全部打死。

部分社会资金从银行体系分流之后,如果能够通过适当的渠道进入民间融资市场,并转变成直接融资,特别是股权融资,对于改变当前中国融资结构中直接融资比率过低、社会融资过于依赖银行贷款的格局无疑是有积极意义的。直接融资包括两个方面的内容:债务融资和股权融资。民间融资进入直接融资活动之后,首先应当对公募和私募进行适当的区分,这是保护部分民间融资的关键,也是打击部分非法融资的分界线。对于一部分风险承担能力比较高的机构投资者和富裕人群,如果能够设定一定的门槛,是可以将部分富裕人群的资金引入到民间融资特别是直接融资领域中的。鉴于私募融资的相对高风险性,需要通过法律保证其不能面向公众,不能以各种非法的方式引诱普通老百姓从事这个高风险领域的投资。目前对于信托产品的发行所设定的 5 万元、200 份的起点限制,就是一个典型的私募门槛的限制。不少信托公司对这一规定颇多微辞,实际上是

习惯于以商业银行的方式、以公募的方式来从事相对高风险的信托经营,没有习惯私募融资的运行规则。

对于面向广大中小投资者和公众的公募市场,我们的金融体系应该提供的是针对不同公众投资者的风险收益偏好设计的多种公募型的金融产品,其中特别是储蓄替代型的低风险金融产品,包括货币市场基金、保本基金、债券等。实际上,中国现在的居民储蓄中有70%左右是用来提供养老、医疗保险等社会保障功能的,是有中国特色的社会保障体系之一,如果要对这一部分储蓄进行分流,不能鼓励其从事高风险的投资,因此必须要提供相应的金融产品来满足他们的这种低风险的投资需求。

从金融市场发展的历史看,一些发达的金融市场在促使直接融资市场发展的一段特定时期,银行利率在相应的一段时间内往往也低于货币市场利率,使得银行的资金能够在成本收益的推动下分流到直接融资市场,这并不仅包括公开的股票市场和债券市场,还包括私募的股权和债务市场。目前中国的融资结构中一个最为显著的问题,就是整个社会资金过分集中于国有银行体系,2004年10月28日的利率调整,可能也昭示着中国的金融体系开始进入这样一个分流银行储蓄,合理引导民间融资,特别是直接融资和股权融资发展的特定阶段。

五、物价信息等统计体制滞后加大了超前性的利率决策的难度

金融决策,无论是宏观决策还是微观决策,都是建立在大量金融信息的采集与分析的基础之上的。如果没有一个真实、全面、灵敏、超前的金融统计信息系统,有效的金融决策就无从谈起。

随着金融市场的不断发展,金融决策日益强调超前性和预警性。从宏观经济决策角度看,以货币政策为例,究竟应当如何衡量通胀压力?显然CPI是不够的,对于货币政策决策的参考意义不大,但是目前我国没有公布核心 CPI。通过简单的测算可以看出，2004 年的核心通胀水平并不高。2005 年的物价走势，在宏观决策方面，还是应当看核心 CPI，否则可能会导致方向性的失误。但是，目前我们的宏观金融决策，主要依赖的指标基本上都是滞后的指标，例如 M0、M1、M2、GDP 增长率、外汇储备规模、CPI。我们如何能够期望仅仅依靠这些滞后的指标来进行超前性、预警性的宏观金融决策呢？

从微观市场决策看，许多金融决策依赖的市场信息我们没有统计。最近中国的大豆期货投资者遭遇了一次因为统计信息缺乏导致的"大豆危机"，中国目前的期货投资者进行大豆期货的投资决策，依靠的是美国有关机构对于中国大豆的统计，美国的期货投资者就可能会利用这个缺陷，在对美国的期货投资者有利的时候调整自己对于中国大豆的统计数据，使得中国的大豆投资者遭受损失。类似的惨痛教训显示出，金融统计信息体系的改革和完善也应当是整个金融体制改革的重要组成部分。

哪怕是目前的一些滞后的、有限的经济指标，例如 CPI，其透明度也十分有限。在 CPI 的统计中，整个商品篮子的构成如何？这个商品篮子如何调整？调整的规则是什么？都是不透明的。同样，目前我们公布的 CPI 指标，过于笼统，对于不同地区、不同收入阶层，应当有分别的 CPI 的统计信息。例如，2004 年对不同收入阶层以粮价推动为主要推动力的通货膨胀所感受到的物价压力是不一样的。同时，对于宏观金融决策来说，必须要公布核心物价指数。

在宏观金融决策中，有许多指标实际上是具有超前性和预警性的。例如，在成熟市场经济条件下，库存波动是衡量经济周期波动的重要指标，需要区分的是，库存究竟是如何波动的？库存究竟是在生产环节还是销售环节？如果是在生产环节，那么究竟是在原材料环节还是产成品环节？对于这一问题的不同回答，由此得到的金融政策结论是不一样的。再比如，对于整个经济增长活力的判断，成熟市

场经济条件下有一个比较有独特视角的指标,考察的是新开工的企业和倒闭企业之间的比率。如果在紧缩时期,关门的企业在上升,但是新开工的企业还是更多,这说明经过紧缩,经济增长的动力依然强劲,企业家对于未来形势的判断还是比较乐观的。国际上通常还运用经理人采购指数、消费者信心指数等。

在 2005 年的利率政策决策中,我们必须寻求更为超前性的经济运行指标,积极改进统计体系的质量,否则利率政策决策的质量会大打折扣。

期冀的是政府与市场的和谐演奏

在经济学文献中,对于政府和市场,确实有许多令人印象深刻的比喻:例如"守夜人"与"看不见的手";例如"掠夺之手"与"扶持之手"。但是,我更愿意将其比喻为乐曲的主声调,在不同的阶段,可能是不同的主声调占据主导地位,但是,也愿意将其比喻为两个相互配合的舞伴,二者之间的协调,则是整个表演是否优美和谐的关键所在。

2005年的中国经济金融,再次凸现了和谐处理政府和市场关系的重要性:政府如何在行政主导的宏观调控发挥作用之后适当退出并引入市场机制;如何运用市场化的手段来化解煤电油运的压力;在国有银行的改革进程中如何进一步界定政府与市场的关系;在证券市场的发展中如何给市场和政府职能之间划一条恰如其分的界限。这些纷繁复杂的问题都会不同程度地主导2005年的中国经济金融运行,其深层次的问题,都是政府与市场的关系问题。

目前的复杂性在于,中国经济金融体系中的政府,是承担着更多经济社会职能的、转型中的政府;中国经济金融体系中的市场,是正

在快速发展和变化中的市场,也是日益开放的市场。

曾几何时,在中国经济运行的舞台上,在政府与市场这两个主要的表演者中,往往只有一人独自起舞。虽然我们还能看到那种颐指气使、越俎代庖的致命自负,但也越来越多地看到对于市场的尊重,还有二者互相支撑的合作与协调。我们看到,2004年新一轮的宏观调控,在行政手段与市场化措施并举取得成效之后,最终回归到市场化轨道上来,财政政策因时而变由积极转向稳健,利率市场化迈出重大步伐,投资体制改革终于启动。正如那句名言:在市场面前,政府永远要保持自己的谦卑之心。

2004年,我们欣喜地见证了诸多市场力量在调控与压力中的成长与崛起,例如五十多家民企终于通过民间石油商会的形式寻求与垄断企业抗衡的渠道;足球俱乐部投资人中超联赛"革命风暴"拷问体育产业化的公平与效率;"民工荒"释放出劳动力,开始挑战多年来价格低企的现实信号。

2004年,我们继续看到中国的市场越来越深刻地融入到整个全球市场体系中,全球市场对于中国的影响日益直接,其中有代表性的事件,就是中国加入世贸三周年并取得迅速的进展,开放也成为中国加快改革的巨大动力,2005年,中国进入加入世贸的"后过渡期",中国市场与国际市场的接轨会更为迅速,并且成为影响中国经济运行、影响政府与市场关系定位的重要因素之一。

然而,可怕的不是博弈,却是博弈的扭曲——政府被监管对象所"俘获"乃至与监管对象合谋。在对管制权力难以监督的情况下,被管制者往往不是采取提高产品或服务质量的方式去努力建立自身的市场信誉,而是以较低的成本去俘获管制者,"租用"管制权以获取利益。引人关注的是,这往往是导致2004年经济过热的重要体制性因素。比如现行征地制度带来的权力寻租化,不仅是导致2004年投资过热的一个重要诱因,更导致诸多失地农民生活保障堪忧。政府通

过改革供地政策可以出让国有土地的方式收取土地出让金;在征地方面各级政府却仍然沿用计划经济的办法低价甚至强行征地。巨大的利益差异使得征地成为一些地方政府和部门寻租的一个重要途径。

如何确定政府与市场这两个"舞伴"双方之间的距离,界定他们各自的边界?答案只有靠不断完善的制度建设,不断推进的改革实践。从国际比较可以看出,一个坏的市场经济体制不同于一个好的市场经济体制的基本原因是国家(或政府)与经济人(企业与个人)的关系定位不对,而问题的根源正是由于没有好的(即比较完善的)制度和法治基础。

2004年,市场已经欣喜地看到"公民的合法的私有财产不受侵犯"、"国家尊重和保障人权"等内容写入宪法;以"规范行政机关的审批行为"为主要目的的《行政许可法》正式实施,使得中国成为首个为"行政许可行为"单独立法的国家。正如过去25年克鲁格曼的研究表明,中国经济增长和亚洲各国的增长是有本质不同的,区别恰恰在于中国多年来一直进行的制度改革,这种改革创造出巨大效益。

一场双人舞因为和谐才赏心悦目,一个社会因为和谐才幸福安宁。GDP的增长与人民的福祉并不成正比,英国剑桥大学Patha Dasgupta教授的研究表明:近二十多年来,尽管中国的GDP增长迅速,但是实际上的中国社会财富增长十分缓慢,仅仅是做到了略快于人口增长而已。而根据联合国制定的HDI(人类发展指数,据说它与GNP相比更能反映人的价值)来衡量,中国的状况实际上却是在下降。

2004年中央经济工作会议首次将建立"和谐社会"纳入经济工作的视野,正是说明在效率主导下的经济增长如果要继续保持其稳定的环境和持续的动力,就需要兼顾以公平为目标的制度建设和变革。而当前我国正处于难得的战略机遇期,这为我们解决诸多领域深层次矛盾、深化市场化的改革提高了良好的契机。如农产品价格上涨之于"三农"问题的解决;原材料价格的上涨之于资源丰富的中西部

地区和东北地区发展；经济的高速发展之于就业问题的解决；财政收入的高速发展之于社会保障体系建设。在入世三年后站在新的开放高度上，在为经济发展奠定健康协调可持续发展的制度保障的需求面前，我们会看到一系列的制度变革将在2005年上演。

2005年，我们期待一场和谐精彩的双人舞，不仅在中国日益宽广的经济舞台上，也在与中国市场互动日益深入的国际舞台上。

寻求美元下跌的支撑

在当前的国际金融市场上,美元的下跌似乎已经成为一种主导性的看法,甚至有人说美元是否陷入了和 1973 年、1985 年那样类似的危机之中。换言之,在当前的国际金融市场上,美元是否已经注定要大幅下跌而没有支撑?美元的国际储备货币地位是否已经摇摇欲坠呢?

事情可能没有想象的那么简单,尽管美元的短期波动难以避免,甚至这种波动的幅度还相当之大。一般美元汇率的大幅波动,都会伴随着美元危机的悲观展望以及对美元即将丧失国际储备货币地位的预期。事实却是,美元在国际储备中的地位不仅没有下降,反而有所上升。

如果要回答美元是否处于危机之后,首先需要界定什么叫做美元危机。如果说的是美元汇率的大幅波动以及较大的贬值压力之中,那么,美元危机显然已经是事实。

但是,从国际货币体系的角度考察,美元危机未必真的存在,目

前讨论美元危机的主要依据之一是美国的"双赤字",作为国际主要储备货币的美元的汇价走势与经济基本面之间的关系并不清晰。在有的年份,美国经济增长乏力,美元却比较强劲。2004年,美国的经济开始复苏,但美元汇率却持续下跌。在一定意义上可以说,美国的双赤字可能是美元走弱的重要影响因素,但是,这可能也正显示了美国金融市场体系的国际竞争力和吸引力,正如英国在其最为强盛的时期的政府债务一度高达GDP的200%一样。如果一定寻求缺陷,那么,这是整个国际金融体系的缺陷。在这个缺陷的框架下讨论美元危机已经30年了,但是我们看到的现实是,美国在出现双赤字的同时,美国的资本市场占到全球资本市场的份额却从不到30%迅速上升到70%左右,美元的竞争力,来自于美国资本市场的竞争力;而资本市场的竞争力,来自于清晰的监管、透明的法律体系、相对完善的金融市场体系。

讨论美元汇率的走势,就不能不讨论刚刚决定第五次加息的美元利率的调整。在当前的国际经济体系中,美国可以说是中心地区,亚洲是贸易账户区,欧洲、加拿大和拉美是资本账户区。通常的格局是,贸易账户区向美国出口,并靠出口带动经济发展,同时积累巨大的外汇储备。资本账户区是传统上的资本输出区。不过,因为美元贬值和美元资产收益率下降,资本账户区流向美国的资本开始放缓,加息是在这样的背景下进行的,实际上具有修复这种一度相对稳定的三角关系的意图。从美国的有关政府部门看,美国的财政部长斯诺就表示,美元是在市场中买卖的,升值或贬值是正常的事,并且将美元贬值的主要原因归咎于欧洲国家的"增长赤字",认为欧洲国家缓慢的经济增长导致了国际贸易的严重失衡。

值得注意的是,面对美元的下跌,主要的西方国家并没有做出十分明确的表态。在2005年6月份举行的西方七国财长会议上,西方国家的建议是鼓励欧元的进一步升值。但是,欧元升值给欧元区出

口带来的不利影响又成为了各国普遍的难题。西方各国意识到现有的国际货币体系的内在缺陷以及现有的金融体系对于美元的依赖,因此面对刚刚复苏的经济形势,谁也不想冒险干预,于是造成了目前担忧显著,但缺少实质干预的尴尬局面。

在此次美元的大幅波动中,东亚地区被视为是受到损害最大的地区之一,以至于当前东亚的汇率制度被视为是向美国"送钱",美元的大幅贬值是在"抢钱"。实际上,并不是在今天,东亚国家才意识到目前盯住美元、同时积累大量外汇储备的体系的缺陷以及自身所处的不利的局面。最近的情形是,在东南亚金融危机之后,不少经历了金融危机冲击的国家和地区,反思遭受危机冲击的原因之一,是相对僵化的汇率体制,所以着手进行汇率体制的改革。但是,在一段时间之后,这些一度加大汇率波动幅度的国家又重新回复到固定汇率制度。这似乎是一种汇率体制中"对于后发者的诅咒"。因为在缺乏相对完善的国内金融体系、缺乏有效的区域金融整合的背景下,似乎这种看起来对于东亚最为不利的模式,往往又是东亚国家不得不选择的模式。因此,目前值得强调的,不应是"送钱"还是"抢钱"的情绪化评论,而是寻求导致这种体制的内在原因,进而寻求改进的办法。

最近,我参与了亚洲债券基金的有关工作。这项基金就是亚洲国家针对本地区债券市场不发达、金融市场整合有限的缺陷采取的具体措施。也许初期的基金规模有限,但是,至少是一个切实的起步。

从美国的政策制定者来看,当然是希望能够借美元贬值加快经济的复苏,并通过削减赤字改善国内经济基本面,但是他们这种通过牺牲他国利益减轻本国负担的做法,无疑会遭到其他与美元保持固定汇率制的亚洲国家和地区的强烈反弹。如果美国始终利用美元贬值抑制亚洲国家的内需,将有可能推动亚洲国家加速向汇率市场化的过渡,从而摆脱在美元的控制下被动升值的局面。实际上,这对于美元在整个国际货币体系中的地位反而是不利的。

至于中国的状况,可以说当前中国形成的以美元主导的外汇储备格局和严重依赖美元的汇率制度,实际上反映了改革开放以来中国的外贸、外债、外资领域美元的主导地位。所以这种格局是有其客观的合理性的,尽管需要改进的余地还相当大。在可以预见的未来一年中,目前看来整个国际货币体系的整体格局将不会发生大的变动。尽管美元出现大幅贬值,但是美元凭借其储备地位,以及美国经济对于全球经济的主导作用,将延续其支配性的地位。考虑到当前疲弱的全球经济,特别是考虑到美国的巨额赤字,如果美元政策作出急剧的调整,那么,不仅美国可能遭遇更大的经济灾难,全球经济也可能因此而受到强烈的冲击,而引发新的利益格局的调整。另外同样需要强调的一点是,美国的双赤字可能是美元走弱的影响因素之一,但是,这从另外一个方面正显示了美国作为全球最为发达的金融市场体系对于全球资金的巨大吸引力。

中国金融改革的滞后环节

中国金融改革在 2004 年以来所取得的进展是引人注目的,在银行领域,主要是国有银行的改革;在证券领域,则主要是以"国九条"为主要制度框架的制度创新;在保险领域,表现为开放力度的空前加大以及保险公司的股份制改革和上市促进了整个保险市场活力的极大提高。

但是,在评估目前金融改革的进展时,有几个方面的进展是明显滞后的,值得深入分析。

一、中长期贷款居高不下和中小企业融资难问题凸现了金融体系改革滞后的一系列缺陷

从整个金融体系的角度看,目前有两个问题是十分值得关注的,一个是中长期贷款占比居高不下,一个就是中小企业的融资难问题在宏观紧缩的背景下有所加剧。这两个问题实际上并不能仅仅停留在银行贷款行为的这个微观角度来考察,而需要从整个金融体制、金融结构的角度来考察,从中我们可以看到当前金融体制改革滞后的许多方面。

2003年以来的宏观紧缩,使贷款增幅有明显的下滑,但是中长期贷款却依然保持十分稳定的上升,压缩的贷款大多是短期贷款,使得部分企业的流动资金显著短缺,中小企业的融资难问题有所加剧。尽管宏观当局也采取了一系列的措施试图引导商业银行降低中长期贷款的比重,但是实际上的效果是有限的。为什么会出现这种困境呢?

首先,这种状况表明中国的商业银行还缺乏有效的风险控制、特别是风险定价的能力。

风险管理的周期包括风险识别、风险衡量、风险定价和风险控制等相互联系的几个环节。在中国的利率走势已经开始比较明显地进入利率上升的趋势中时,目前商业银行总体上大规模继续扩张长期贷款,实际上加大了资产负债的错配风险,首先就体现出对于利率风险管理能力的缺乏。可以说,目前商业银行在资产负债的配置结构上,客观上还是延续了原来利率下降趋势的行为。

中小企业融资难的问题,表现在银行贷款方面,就是银行对于中小企业的风险状况缺乏有效的识别手段。在2004年10月29日中央银行取消贷款浮动的上限之后,商业银行完全可以充分运用利率浮动手段对不同风险状况的中小企业进行贷款定价,开拓中小企业贷款市场。目前中小企业贷款难,显示出商业银行总体上缺乏独立的风险定价能力,因此在中小企业贷款方面选择的策略是简单地退出市场。

其次,中长期贷款居高不下以及中小企业贷款难问题,显示出中国的金融市场发展失衡、资本市场发展滞后使得整个融资结构的调整难以顺利推进。

从目前中国的融资结构看,目前严重依赖银行贷款的融资格局,使得中国的M2/GDP持续上升,居高不下,提高了金融结构的脆弱性

和不稳定性。因为长期融资不发达,使得银行体系不仅承担了通常意义上的商业银行承担的短期融资的功能,还不得不承担长期融资的功能,在有的领域实际上发挥着类似股本融资的功能,例如在转轨时期银行对于一些无资本金企业的贷款、以及期望银行对本来希望进行股本融资的中小企业进行债务融资等。

因此,从融资结构角度考察的话,无论是压缩中长期贷款,还是发展中小企业融资,可能更多地需要从银行系统之外寻求解决的办法,特别是要发展中介融资市场、股权融资市场。如果这些市场不发达,大量的银行贷款新增的部分用在长期性的基础设施建设,可能使中长期贷款能够压缩的余地十分有限。

第三,中长期贷款居高不下和中小企业融资难体现了当前商业银行绩效考核中存在的缺陷。

中长期贷款的期限通常是10年甚至更长的时间;与此形成对照的是,一些商业银行的负责人的任期,无论是总行还是分行,通常也就是几年的时间。在严格要求降低不良资产比率的考核约束下,这些商业银行的负责人是有动机发放长期贷款的,因为长期贷款的准确分类难度更大,在出现偿还困难之前,通常容易被视为是正常的贷款。银行的负责人时倾向发放超过其任期的中长期贷款来降低不良资产比率,即使出现问题往往也是领导人更替之后了。因此,我曾经向有关部门建议,为了抑制中长期贷款居高不下的问题,考虑到中长期贷款风险相对较高,可以对一定期限以上的贷款强制性地要求将贷款划分为次级贷款等,要求银行足额提取准备金,将其潜在的风险反映到当前的银行经营中。

中小企业贷款难实际上也反映了目前国有银行贷款考核上的另外一个问题,那就是对国有企业和民营企业是否一视同仁的问题。中小企业通常是民营企业,现在尽管在正式的法律法规中并没有对民营企业和国有企业的歧视,但是在实际操作中,如果信贷人员对国

有企业的贷款出现问题,可能会被视为"肉烂在锅里";如果信贷人员对民营企业的贷款出现问题,往往可能会被视为有私下的内幕交易和利益输送。这种观念往往使得部分信贷人员对拓展中小企业贷款市场持犹豫态度。

第四,中长期贷款居高不下和中小企业融资难,还反映了金融创新体制和监管体制存在的缺陷。

从资产负债管理的角度看,中长期贷款居高不下导致的资产负债错配,相应的解决办法,或者是提高资产的流动性,例如资产的证券化;或者是允许商业银行进行主动的负债,例如允许商业银行根据资产运用的期限发行大额长期存单等主动的负债工具,使得商业银行可以自主管理资产负债的匹配,降低资产负债错配带来的风险。目前对于这些金融创新,存在一系列的管制,这凸现出目前中国金融创新的审批机制效率较低,制约了金融机构的创新空间。从目前的程序看,连上海证券交易所推出 ETF 这样已经在资本市场十分成熟的金融工具都需要上交国务院批准,可见目前金融创新审批的管制之严。

另外,针对中长期贷款的居高不下,为什么中国的贷款转卖市场以及资产证券化一直不十分活跃,实际上也反映了监管体制上的缺陷市场。从国际经验看,资产证券化和贷款转卖市场的活跃,有待于资本充足监管约束的硬化。国际上资产证券化的真正活跃,实际上发端于 1988 年在国际金融界开始全面推行的巴塞尔资本协议,要求维持 8% 的资本充足率。目前中国的银行界在资产证券化方面积极性不高,很大程度上显示资本充足约束并不强烈。仅仅以目前已经达到 1 万 8 千亿规模的住房抵押贷款为例,这本来是发展资产证券化的重要基础,但是因为资本充足监管未必严厉,住房抵押贷款从资产质量上对商业银行来说还可能属于质量比较好的资产,因此商业银行往往没有足够的动力来推进资产证券化或者贷款转让,尽管资产证券化和贷款转让可以提高资本充足率并降低资产负债的错配。

在资产证券化推出过程中,不同监管部门之间的协调也开始成为一个十分现实的问题。例如,从资产证券化的不同环节看,中央银行强调的是商业银行的资产负债结构以及整个融资结构的相对稳定,所以强调推进资产证券化;但是推动资产证券化的重要动力之一来自于资本充足监管,这个监管是由中国银行业监督管理委员会负责的;公开的证券发行涉及中国证券业监管管理委员会,而如果保险机构作为机构投资者要投资这些证券,必须要接受中国保险业监督管理委员会的监管。显然,监管机构之间的协调并不顺畅,是导致资产证券化一直没有推出的重要原因之一。

二、金融统计与信息体制滞后也是金融体制改革滞后的重要内容之一

金融决策,无论是宏观决策还是微观决策,都是建立在大量金融信息的采集与分析的基础之上的。目前,我们把很多的注意力放在微观市场主体、宏观调控政策等的改革方面,实际上,金融统计与信息体制发展滞后,也是金融体制改革滞后的重要内容。如果没有一个真实、全面、灵敏、超前的金融统计信息系统,有效的金融决策就无从谈起。

随着金融市场的不断发展,金融决策日益强调超前性和预警性。从宏观经济决策角度看,以货币政策为例,究竟应当如何衡量通胀压力?显然 CPI 是不够的,对于货币政策决策的参考意义不大,但是目前我国没有公布核心 CPI。通过简单的测算可以看出,2004 年的核心通胀水平并不高,2005 年的物价走势,在宏观决策方面,还是应当看核心 CPI,否则可能会导致方向性的失误。但是,目前我们的宏观金融决策,主要依赖的指标基本上都是滞后的指标,例如 M0、M1、M2、GDP 增长率、外汇储备规模、CPI。我们如何能够期望仅仅依靠这些滞后的指标来进行超前性、预警性的宏观金融决策呢?

从微观市场决策看,许多金融决策依赖的市场信息我们没有统计。最近中国的大豆期货投资者遭遇了一次因为统计信息缺乏导致的"大豆危机",中国目前的期货投资者进行大豆期货的投资决策,依靠的是美国有关机构对于中国大豆的统计,美国的期货投资者就可能会利用这个缺陷,在对美国的期货投资者有利的时候调整自己对于中国大豆的统计数据,使得中国的大豆投资者遭受损失。类似的惨痛教训显示出,金融统计信息体系的改革和完善也应当是整个金融体制改革的重要组成部分。

哪怕是目前的一些滞后的、有限的经济指标,例如 CPI,其透明度也十分有限。在 CPI 的统计中,整个商品篮子的构成如何?这个商品篮子如何调整?调整的规则是什么?都是不透明的。同样,目前我们公布的 CPI 指标,过于笼统,对于不同地区、不同收入阶层,应当有分别的 CPI 的统计信息。例如,2004 年以粮价上升为主要推动力的通货膨胀对于不同收入阶层产生的物价压力是不一样的。同时,对于宏观金融决策来说,必须要公布核心物价指数。

在宏观金融决策中,有许多指标实际上是具有超前性和预警性的。例如,在成熟市场经济条件下,库存波动是衡量经济周期波动的重要指标,需要区分的是,库存究竟是如何波动的?库存究竟是生产还是销售环节?如果是在生产环节,那么究竟是在原材料环节还是产成品环节?对于这一问题的不同回答,由此得到的金融政策结论是不一样的。再比如,对于整个经济增长活力的判断,成熟市场经济条件下有一个比较有独特视角的指标,考察的是新开工的企业和倒闭企业之间的比率。如果在紧缩时期,关门的企业在上升,但是新开工的企业还是更多,这说明经过紧缩,经济增长的动力依然强劲,企业家对于未来形势的判断还是比较乐观的。国际上通常还运用经理人采购指数、消费者信心指数等。

对于微观金融运行的统计,同样也十分重要。例如,对于资产质量的统计数据是否可靠,往往涉及整个国有银行改革成效的判断。但是,目前的问题是,现有的资产分类体系和信息采集体系是否可信、是否独立有效、是否及时灵敏?

对于资产质量指标的质疑,近年来在一些国际知名的评级机构的年度报告中都一直存在。有的评级机构发布的年度中国银行业分析报告,预期中国的银行业的不良资产比例被低估,其中一个重要的原因是评级体系的滞后,以及中国银行业太多的层级和单项的不良资产考核机制。在国有银行的改革重组过程中,有的银行提出了"哪个分行的不良资产率提高,哪个分行的行长就下台"的口号,这种心情是完全可以理解的,但是这可能会激励一些分行在强大的压力下,利用现有的资产分类中存在的一定的主观判断,低估不良资产比率。如果银行内部又没有独立的资产分类的检验、评估、采集和发布的系统,那么,资产质量数据的误差可能就会比较大。但是,不良资产比率这个基本的数据,是衡量国有银行改革成效的重要指标之一,如果这个指标失真,可能就使得我们对银行改革成效的判断失真。

三、国有银行改革在公司治理方面的改革还显著滞后

通过大规模的财务重组和全面的改革,目前以中国银行和中国建设银行为代表的国有银行改革取得了明显的进展,许多方面的突破,例如人事和薪酬制度等的改革,其力度之大,可以说是改革开放以来银行改革中所没有的。

目前大家都赞同的一点是,国有银行改革的关键是建立一个良好的公司治理机制。但是,究竟公司治理方面的进展如何?

关于公司治理,国际上有不同的分析框架,OECD发布了国际范围内有影响的公司治理指引,最近又发布了特别针对国有企业的治理指引;巴塞尔银行监管委员会发布过关于银行治理的指引。与此形成对照的是,监管部门对于中国的国有银行改革发布了10个方面

的内部治理方面的要求，被称为"治理10条"，这个治理10条可以说是集中体现对于国有银行公司治理的一些基本要求。通过对照中国的银行治理10条以及OECD关于企业和国有企业的公司治理原则、巴塞尔委员会的银行治理指引，我们可以发现，中国的监管机构对于公司治理的理解以及中国的国有银行在公司治理方面的有效程度与国际标准比较，还有相当大的差距。

在现代公司治理理论中，董事会是整个公司治理的核心。所有的国际公司治理原则，都从不同的角度强调，有效的公司治理首先要求公司的董事会必须是有足够的执行能力和专业素质履行董事会职责的。我们需要提出的问题是，国有银行的董事会是如何形成的？这些董事有足够的动力来代表国有资产吗？如何防范他们的道德风险？整个董事的挑选是否足够透明？是否有足够的银行专业知识？是否有能力管理这样大的银行？出了问题是否能够承担最终的后果？

在目前国有银行的治理体制中，依然坚持的是党管干部的原则，董事长一般兼任党委书记，这样党委书记兼董事长要管理人事工作。在现代商业银行的公司治理中，人力资源管理权力是作为一个管理层的主要经营权之一，现在董事长通过管人事，就直接切入到了银行日常的经营，类似的问题都不同程度存在。因此，如果未来党委会、董事会和股东大会在同一问题上出现显著分歧，如何协调？

目前国有银行改革中存在的另外一个隐忧，就是传统计划经济条件下的一些纪委监察等的控制力在下降，但是市场经济条件下有效的风险监控体系还没有建立起来，所以在这个过程中，可能会出现案件频发的时期。特别是此次国有银行的人事改革，强调的是部门负责人的人事挑选权，这就可能使得一个部门、一个分支机构的几乎所有干部、特别是主要业务岗位的干部，都是这个机构的负责人自行挑选的，而且目前看来这个挑选过程未必透明、公正，例如有的国有银行在人事选聘中尽管也进行公开考试、面试等，但是考试成绩、面

试成绩等并不公布,基本上是黑箱操作,有的机构的人员选聘往往不是根据考核成绩。这样就在事实上进一步强化了国有银行的"内部人控制",使得一个单位缺乏必要的内部监控,很可能出现一个机构的"一把手"在缺乏制约的情况下为所欲为、甚至铤而走险以身试法的案例,中国银行黑龙江分行高山案就是一个典型的代表,值得深入反思。

资金体外循环凸现金融体制缺陷

在 2004 年以来关于宏观调控的争论中,究竟信贷紧缩导致的资金体外循环规模多大、对于整个金融调控以及货币流通速度等会产生哪些影响,是引起各方关注的一个共同问题。

实际上,既然是体外循环,要把握其规模、哪怕是大致的规模,也不是一件容易的事情。从资金的体外循环这个事件,我们需要提出的问题是:这是否只是宏观紧缩阶段的一个特定的现象?是否随着宏观紧缩力度的降低,资金的体外循环就会迅速消失?

所谓"体外",当然是指现有的官方、正式的金融体系之外,如果资金的体外循环达到相当的规模,我们就可以称之为典型的"金融二元结构"。与其称之为资金的体外循环,还不如称之为民间融资。

民间融资是宏观紧缩时期的暂时现象吗?国际经验表明,即使是在宏观政策相对宽松的时期,民间融资依然有其存在的空间;只不过宏观紧缩所带来的资金紧缺为更为灵活和市场化的民间融资提供了更大的业务空间。几乎可以肯定地说,即使在中国宏观政策最为

宽松的时期,民间融资依然还顽强地存在,这是因为民间融资有其特定的风险识别、风险定价和风险控制的更为有效的机制,对于特定的资金需求者和资金供给者来说都有存在的空间。

许多金融学者对于东南亚等发展中国家和地区的经济增长与民间融资的互动关系的研究表明,民间融资因为满足了许多在官方的金融体系中难以满足、但是确实有很大的增长空间的投资机会的融资需求,因而拓展了经济增长的空间和资源的利用效率。以中国台湾省为例,活跃的民间融资在中国台湾快速增长的时期促进台湾的经济增长率上升约1个百分点。在中国大陆,经济增长最为活跃的地区如浙江和广东,实际上也是民间融资最为活跃的地区。

民间融资与官方融资相对立而存在,在对官方融资形成有效的补充的同时,实际上也显示出官方的金融体系所存在的缺陷:正是因为官方金融体系难以满足一部分融资需求,融资者才转向民间市场;即使是其中一部分非法的、带有诈骗性质的民间融资,实际上也显现了官方的金融监管体系中的缺陷。

目前,对于民间融资或者资金的体外循环,主导性的观点似乎以批评为主,例如对冲了信贷紧缩的效果、可能导致局部的金融风险的累积、对官方的金融活动形成替代与冲击等。实际上,在讨论民间融资活动及其影响之前,需要对民间融资进行适当的区分,至少我们可以简单划分为两类:一类是以诈骗等为主要特征的非法融资,一类则是基本合法或者至少没有明显的违法行为的融资。应当严厉打击的,只能是非法融资的部分,而并不违法的部分民间融资,实际上包含了中国的融资结构中急需完善的结构性问题。

目前对于非法的融资活动,实际上主要的问题并不是如何打击的问题,而是打击力度不够、法规不够完善、实施不够有力的问题。从目前的非法融资活动看,欺骗的性质也有花样翻新、不断推陈出新的趋势。除了原来赤裸裸的的欺骗之外,一些地区还出现了用植树

造林承诺高额回报、养蜂集资以及高价购买并租赁等方式进行欺骗,而且欺骗的手段更隐蔽,跨地区的欺骗活动所占的比率更高。

在目前的法律法规中,对于非法融资的惩处并不十分清晰,或者力度有限。这可以说是当前中国的金融法规所面临的一个带有共性的问题,直接影响到中国金融业的生态环境。就目前的法律法规而言,银行监管机构只能针对非法的银行业务进行监管。例如,《银行业监督管理法》中清晰地界定,任何人和单位不经过国务院银行业监督管理部门批准,不能从事银行业金融机构的活动。但是,从非法融资的情况看,事实上很多从事非法融资的机构并不是银行业机构,从事的也不是银行业金融机构的活动。对于这一类活动,银行监管机构能够加强监管的余地有限。

对于各地不同形式的非法融资,除了银行监管部门之外,可能需要更多动员其他部门的力量、特别是各地地方政府的力量以及新闻舆论监督的力量,阳光是最好的防腐剂,信息披露和监督是防范金融风险的最好的举措之一,因此,加强对于此类融资活动的新闻舆论监督无疑十分重要。另外,目前的法律法规中,同样还有一些工具是可以运用的,例如通过虚假广告进行非法融资的,可以由工商部门查处,构成犯罪的由公安部门惩处,法律依据主要是合同诈骗、虚假广告、超出核准经营活动范围等。但是,从长期看,还是应当完善专门的法规,对非法融资进行清晰的界定,并制定相应的监管和惩处措施。

要对民间融资进行区分,首要的线索就是私募与公募,或者说融资者面对的是普通公众,还是有一定风险识别和风险承担能力的机构投资者和富裕人群。换言之,即使在再活跃、发达的融资体系中,私募形式的民间融资始终有其特定的发展空间,并不能简单地一棍子全部打死。

2004年10月28日的利率调整,在利率改革方面传递出来的一个十分清晰的利率政策导向信号,就是维持适度的利率、在特定的阶

段可能还是负利率,促使储蓄从银行体系适当分流,为银行基于资本充足监管要求基础上的资产负债结构调整提供更为灵活的空间。在这一政策导向下,适度的资金分流应当是情理之中的,特别是考虑到特定地区的民间融资,已经呈现出至少不低于官方金融体系的更高的融资效率。例如,在浙江温州的一些融资活动中,产生的不良资产的水平明显低于现有官方金融机构,这是因为这些民间的融资活动已经形成了相当有效率的风险监控体系,比如构成借贷关系的双方互为乡邻,对于相互的偿还能力比较了解,信息不对称程度较低。这实际上更显现了金融业的本质与精髓,正如美国著名的金融家 J. P. 摩根先生所说,金融业真正用以判断是否应当给予一个人贷款的标准,不是他是否有钱,而是他的人品。只不过在变化多端的现代社会,了解和把握一个人的人品难度更大而已。

部分社会资金从银行体系分流之后,如果能够通过适当的渠道进入民间融资市场,并转变成直接融资、特别是股权融资,对于改变当前中国融资结构中直接融资比率过低、社会融资过于依赖银行贷款的格局无疑是有积极意义的。

直接融资包括两个方面的内容:债务融资和股权融资。民间融资进入直接融资活动之后,首先应当对公募和私募进行适当的区分,这是保护部分民间融资的关键,也是打击部分非法融资的分界线。

对于一部分风险承担能力比较高的机构投资者和富裕人群,如果能够设定一定的门槛,是可以将部分富裕人群的资金引入到民间融资特别是直接融资领域中的。鉴于私募融资的相对高风险性,需要通过法律保证其不能面向公众,不能以各种非法的方式引诱普通老百姓从事这个高风险领域的投资。目前对于信托产品的发行所设定的 5 万元、200 份的起点限制,就是一个典型的私募门槛的限制。不少信托公司对这一规定颇多微辞,实际上是习惯于以商业银行的方式、以公募的方式来从事相对高风险的信托经营,没有习惯私募融

资的运行规则。

对于面向广大中小投资者和公众的公募市场,我们的金融体系应该提供的是针对不同公众投资者的风险收益偏好设计的多种公募型的金融产品,其中特别是储蓄替代型的低风险金融产品,包括货币市场基金、保本基金、债券等。实际上,中国现在的居民储蓄中有70%左右是用来提供养老、医疗保险等社会保障功能的,是有中国特色的社会保障体系之一,如果要对这一部分储蓄进行分流,不能鼓励其从事高风险的投资,因此必须要提供相应的金融产品来满足他们的这种低风险的投资需求。

从目前中国的企业融资结构看,中小企业中资本金不足比较普遍,银行贷款困难,某些高新技术企业的发展因为股本融资渠道缺乏而受到许多限制。如果有适当的股权融资私募机制,引导社会资金分流到民间融资市场并进行股权融资、或者是股权与债券的混合融资,就能提高其整个社会的股权融资的比例,改善企业的资产负债结构;股权融资的比率提高之后,才有可能继续通过贷款以及债券融资等债务融资形式对企业进行金融支持。通过研究中关村的许多高科技企业可以发现,由于缺乏私募的股权融资市场,这些高科技企业往往只有在融资结构中现金流为正值时才可能得到贷款和债务融资,这是银行特定的融资特性所决定的,但是恰恰是在早期阶段中小企业取得资金最为困难,这个阶段最为需要的是股本融资,特别是私募的股本融资。

从金融市场发展的历史看,一些发达的金融市场在促使直接融资市场发展的一段特定时期中,银行利率在相应的一段时间内往往也低于货币市场利率,使得银行的资金能够在成本收益的推动下分流到直接融资市场,这并不仅仅包括公开的股票市场和债券市场,还包括私募的股权和债务市场。目前中国的融资结构中一个最为显著的问题,就是整个社会资金过分集中于国有银行体系,2004年10月

28日的利率调整,可能也昭示着中国的金融体系开始进入这样一个分流银行储蓄,合理引导民间融资,特别是直接融资和股权融资发展的特定阶段。

分立的金融监管:不能是"各管一段"

在描述目前"一行三会"(中国人民银行、中国银监会、中国证监会、中国保监会)的分立金融监管格局时,金融业内常用的描述是"几家监管机构是铁路警察,各管一段"。

表面上看,这种划分似乎是十分清楚的:银行、证券、保险和货币政策,界限分明。

任何比喻都是有缺陷的。在香港工作的时候,知道广东人喜欢把金钱比喻为水的流动,运用到金融监管的分工上可以得到迥异的看法:实际上在不同的金融领域,流动的是相同的金融资源,整个金融体系可能更像一个相互联通的水系,而不是每一站的边界都十分清晰的铁路。如果缺乏全部的统筹与协调,很可能在水系的一段已经水满为患,在另一段却已经断流。

世界范围内金融监管机构设立的类型主要是分立与整合两种类型。在设计目前这种分立的金融监管架构时,显然也是借鉴和比较了不少国家和地区的金融监管机构设立的经验和教训的。但是,特

别值得强调的是,无论是分立还是整合,不同监管领域之间的协调都是最重要的,只不过在整合体制下表现为同一个机构内部不同部门的沟通,而分立体制则表现为不同机构之间的沟通。显然,在中国的特定国情下,后者的难度更大。

如果把严格分立的监管模式(以中国为代表)和完全整合的监管模式(以英国为代表)作为整个监管模式的连续光谱的两端的话,我们可以发现,随着对不同监管领域沟通协调机制的日益强调,这两种模式在国际范围内来看正在变得日益趋近,向整个光谱的中间靠拢。就在2004年,可以发现,一种更为灵活的、介于两者之间的监管框架正在逐渐形成。如意大利政府正在中央银行、股票和资本市场监管委员会、国家垄断局等相互独立的金融监管机构之间建立"常设协调委员会"以最大限度保护投资者的利益,克服目前监管分散的缺陷;法国则新成立了金融市场监督机构(AMF),主要任务是保护储蓄和投资者,向投资者提供信息以确保股市的良好运作,并参与监督欧洲和国际股市动向;日本的金融革新计划中也包含了建立金融服务局以加强对银行、保险、证券公司进行全面监管的重要作用。事实上,在大多数国家,监管机构之间的合作已经从许多临时性、随机性、个案性、程序性的安排,转化为制度化、常规化、有实际决策内容的安排,特别是在涉及金融稳定的机构时,这种协作更为紧密,例如财政部、中央银行和各监管机构,合作的形式一般包括成立金融稳定委员会(如奥地利、比利时、德国、爱尔兰和英国)或相互之间签订谅解备忘录(如法国、瑞典和英国)。

在不同金融市场之间的资金融通程度有限、市场整合有限的背景下,分立的监管体制有可能保持较高的效率。但是,随着中国金融市场的发展,现有的金融机构之间建立紧密的协调机制变得更为重要。目前看来,其主要的推动力量来自几个方面:

首先,是以混业模式进入的国际竞争者的影响力在不断扩大。

实际上，促使美国最终放弃分业经营体制的重要原因之一，就是分业体制下的美国金融机构在全球竞争中与实施混业体制的欧洲金融机构等相比，处于不利地位。我们可以说实施混业的金融机构进入中国之后同样需要遵循混业分业的法律规定，但是其发挥协调效应的整合能力同样能够对分业体制下的中国金融机构形成体制上的竞争优势，此前震动中国金融界的所谓"南京爱立信事件"就是一个典型的代表。

跨市场金融产品的迅速发展也使得分立的监管难度在加大。目前的金融创新中，跨市场的金融产品、通常也被称为交叉创新的产品最为活跃，各种"一卡通"在满足了客户的多元化金融服务需求的同时，也在以不同的方式打通不同金融市场之间的隔离；投资连接保险以及保险机构大规模进入资本市场，使得保险市场与资本市场的联系日趋紧密，资本市场的起伏直接影响到保险行业的投资回报水平；趋于严格的资本充足监管和不断提高的中长期贷款比例，也在推动商业银行进行资产证券化的创新，这会联通银行与资本市场的资产转换；而目前正在进行的商业银行设立基金管理公司的举措，也是一个典型的跨市场创新。在这种趋势下，即使监管机构基于惯例确认各自的监管权力范围，蜂拥而出的跨市场创新又会迅速模糊这种边界。

与跨市场创新相伴而行的，则是金融控股公司热潮的兴起。尽管目前有不少金融控股公司没有得到类似中信集团这样的官方批准，但是其横跨多个金融领域的现实决定了这种多元化金融机构已经成为中国金融市场的现实，其对于中国金融市场、金融监管体制的影响，决不会因为目前已有的法律法规中没有明确的界定而可以采取"鸵鸟政策"并忽视它。实际上，德隆的失败所带来的巨大负面影响，本来就是一个现有的金融控股公司监管体系失败的有力证明。

2004年有多家证券类的金融机构经营出现问题，同时国有银行

和农村信用社等改革的加快,凸现了在金融稳定过程中加强金融监管协调的迫切性。随着中国金融风险分布状况的变化以及金融机构退出机制的逐步建立,强化金融稳定中的监管协调机制更为迫切。与此形成对照的是,在中国日趋活跃的民间融资中,其中既有金融诈骗的部分,但是也确实有大量民间融资是反映了真实金融需求的、合法合规的私募金融活动,这些私募金融活动可能是贷款、债券等债务融资,也可能是股权投资等股本融资,还可能是债权和股本融合的融资形式,把握这些日趋复杂的金融活动,需要有全局性的把握。

因此,在目前的分立监管体制下,最为重要的任务之一,应当是建立不同形式的有效协调机制,这实际上已经是国际发展的趋势,同时也是现实的金融市场发展的要求。

中国汇率政策的焦点:国际收支的市场化均衡调节

近期,香港市场上投机性资金撤离,现实国际金融市场对于人民币升值的预期在减弱。实际上,从2004年以来中国汇率政策的操作和内在逻辑看,2005年汇率政策的焦点,已经开始转向国际收支的均衡调节。

对于人民币汇率政策的基调,在不同的发展时期规范的政策表述是有差异的。仅从1994年外汇管理体制改革以来,在不同的市场条件下的政策导向确实存在较大的差异。

从1994年外汇管理体制改革开始一直到1997年,中国对于人民币汇率强调的是坚持实施"有管理的浮动汇率制度",人民币汇率制度在相对稳定的基础上保持了一定的波动弹性,人民币汇率从亿美元兑8.7元人民币升值到8.3。1997年亚洲金融风暴的爆发,中国政府为了避免货币贬值危机的扩散,承诺人民币不贬值,人民币汇率波动幅度明显降低,基本稳定在8.28元人民币兑一美元的水平,当时强调的是"保持人民币汇率的基本稳定"。2002年以后,随着人民币升值预期的阶段性增强,对于人民币汇率政策的通常表述开始转变为"保持人民币汇率在合理、均衡水平的相对稳定",从政策含义上现实的外汇管理政策开始转向强调在保持相对稳定的基础上改进人民币汇率形成机制中存在的不合理、不均衡的领域,2003年以来在放松资本管制、发展外汇市场等方面的一系列进展,可以说是这一政策导向的具体体现。

从目前的政策演变看,在保持原来的政策基调的基础上,2005年有关部门在人民币汇率和外汇管理问题上,开始强调"建立调节国际收支的市场机制和管理机制",这是一个新的政策提法。

从目前的政策操作看,强调建立调整国际收支的市场机制和管理机制,意味着在人民币的汇率政策和外汇管理方面不是仅仅强调汇率水平,而是更为强调影响汇率决定的上游因素——国际收支,包括进出口活动、资本流动、非贸易等。在这样的政策基调上,开始更为强调推动贸易和投资的便利化,支持企业走出去,强调改革中国在外汇管理领域长期存在的不对称管理格局,基本上是外资流进来容易,流出去难;外汇管理对企业严、个人松;对内资严、外资松。整个外汇体制运行的基础之一是强制结售汇制,实际上从体制上就扩大了外汇的供给,抑制了需求。

鼓励企业走出去,不仅是当前外汇管理以及调节人民币汇率的需要,也是中国经济发展到特定阶段的需要。中国的企业走出去可以有多种不同的形式,例如联想收购IBM,以及一些企业基于产业链对于上游、中游、下游的整合,例如钢铁公司与海外铁矿的合作。在这个过程中,外汇管理领域需要提供相应的支持。这就如同是水桶里面水的进出流动,以前的外汇管理像一个严格限制流出的水桶,在许多领域往往是允许流进,限制流出;从国际收支平衡的角度看,现在伴随着企业的走出去这个对中国经济未来影响最为深远的趋势,放松外汇的管制,实际上是在原来较大的流进的水管的一边,也开设

一个更大的流出的水管,同时对部分不合格的、投机性的资金流入进行适当的限制。

强调建立调整国际收支的市场机制和管理机制,就必然涉及对经常项目和资本项目的管理方式的市场化。从经常项目管理看,涉及完善进出口核销制度,以及根据市场主体的风险状况和信用程度分类管理的外汇收支管理,而不是对于所有企业都千篇一律的禁止或者允许。在外汇资金的流动方面,开始注重加强对资金流入的引导以及对投机性资金流入的管理。

从支持企业走出去的角度看,考虑到国际收支的均衡要求,也就必然涉及逐步拓宽资本流出渠道,以及允许国际开发机构或企业在境内发行人民币债券或以其他人民币融资形式筹资,降低人民币升值的压力。同时,推动保险外汇资金、社保基金境外投资也是调节国际收支平衡的一个重要方面。

一个相对完善的外汇市场是市场化的国际收支调节的基础之一。外汇市场发展的基础之一,则是让商业银行和企业成为真正的市场主体。对于企业而言,主要是改进强制结售汇制度,增强企业支配外汇的自主权,让企业成为使用外汇的真正主体。对于银行来说,则是使商业银行能够自主决定外汇市场的交易行为,其中最为关键性的制度之一应当是做市商制度,使得中国的外汇市场在做市商制度基础上成为一个多元化、分散化的市场。另外,发展外汇市场的风险管理工具也是一个重要的因素。如果外汇市场没有避免风险的工具,汇率的波动,只能给企业带来汇率风险,企业却缺乏主动的管理手段。扩大外汇市场的交易主体也是发展外汇市场的重要内容,目前中国的外汇市场上的交易主体都具有同质性,在外汇的供求上容易形成同向波动,而一个相对平稳的外汇市场需要交易主体的多元化。

金融市场

中国企业海外上市加剧股市边缘化

在国内证券市场疲弱不振时,大量企业海外上市成为一个引人注目的热潮。2004年中国企业在国内和海外的IPO金额比是1:3,在国内股市筹资功能丧失的背景下,海外市场俨然已经成为中国企业主要的直接筹资市场了,国内市场则反而成为一个"边缘化"的市场。

这种境内股市严重依赖海外市场的格局,在国际市场上也不鲜见,例如许多国家的主要企业往往是到海外上市,本土市场发展严重滞后,但是这些国家往往是一些市场规模狭小、对外依赖程度较高的小国。例如我最近刚刚考察过的南美洲小国智利,全国只有二百多家上市企业,其中一个市场已经多年没有新股上市了,主要的大型企业基本上优先选择海外上市。

也许对于这些小国来说,充分利用国际上已经比较成熟的资本市场,实际上是比较经济的、现实的选择,但是,对于中国这样一个蓬勃发展的、对于股市融资有着巨大需求的新兴市场,大量企业走向海外上市,就不能说是一种正常的现象。

反观中国海外上市的历程,以香港为例,实际上经历了三个高潮:亚洲金融危机发生之前的1997年是一个高潮,上市家数和首发额分别为27家和714.32亿港元;网络热潮破灭的2000年也是一个阶段峰值,上市家数和首发额分别达到8家和964.91亿港元;2001年后进入一个更加持续增长的阶段,2004年上市家数和首发额分别达到24家和553.51亿港元,目前这一轮热潮还依然在继续中。

如果把企业海外上市的热忱与国内市场的走向作一个简单的对照就可以发现,除了国际市场的吸引力之外,国内市场在种种制度缺陷制约之下的筹资功能丧失,也是一个重要的推动力量。如果说早期的海外上市主要还是大型企业、还主要集中在香港市场的话,那么,目前这种趋势正在继续扩散,已经日益从香港市场转向纽约、新加坡等市场,上市的企业也从早期的大型国企转向广大的中小企业,2000年以来,中小企业纷纷涌向海外创业板市场。2000—2004年香港市场以H股和红筹股形式登陆创业板的国内中小企业已经与上主板的大中型企业个数相当,分别为39家和41家。另外,越来越多的中国公司为了实现海外上市,除了直接以H股形式(即国内注册的公司)外,相当多的公司以离岸公司形式进行,即在海外上市地或加勒比海群岛注册。

因此,大量企业海外上市所反映的制度缺陷问题确实非常重要,值得深入分析。有人建议依靠行政手段控制企业的海外上市,但是实际上在存在显著的制度缺陷和融资效率差异时,这种行政控制实际上只是制约了国内企业的融资需求的及时满足。如果进一步考虑到国内企业到海外上市的价值存在相当程度的低估,国内企业依然甘愿以更低的估值进入国际市场筹资,其间显然有许多问题值得深思。仅仅以2004年为例,相比于国内主板17.59倍、中小板17.14倍的招股市盈率,除了美国Nasdaq市场外,其他海外市场的中国企业的发行市盈率都是较低的。其中香港主板低于国内主板接近30%,香

港创业板低于国内中小板45%；新加坡主板和创业板低于香港主板和创业板都在20%以上。

从微观角度考察,企业是上市融资选择的主体,企业做上市选择是一个基本的成本收益分析。企业到海外上市也就是用脚在投票。中国企业在国内上市,表面上看好像市盈率要高一点,但是企业作出的投票结果是,海外上市综合的成本收益比要更优。这里面就有很多值得思考的地方。一个合理的解释是,国内上市的综合成本更高,这包括上市过程的不确定性、持续时间长,持续融资难度大以及许多治理上的缺陷等。而在成熟市场,上市时间较短,持续融资简便,市场承受能力强。此外,调查发现,很多企业上市不是为了融资,也不是为了通过上市获得品牌以及建立激励机制等,是想利用完善的上市公司平台提供的治理机制,进行相应的激励机制安排、或者其他类似的并购活动和适当的股权结构、融资结构的安排等。而在国内目前的法律框架下,用来进行期权激励的股权却没有来源。这些都反映出国内在制度上的缺陷。

大量企业赴海外上市,这对于国内资本市场发展的影响如何?实际上,从不同的主体的角度看,答案是不一样的。对于企业来说,海外上市是他们自己作出的选择。哪里能够解决他们急需的资金,能够解决治理上的问题,他们就到哪里去上市。但是,对于中国的投资银行以及整个证券业来说,大量优秀企业海外上市后,会使得他们失去很多业务发展的机会。这种市场格局如果持续发展下去,中国可能有国际领先的实业企业,但是可能很难有国际领先的投资银行和基金管理公司。对于交易所来说,海外上市则意味着上市资源的流失。从投资者的角度看,在市场存在对外投资的管制时,社保资金、企业年金、保险资金等可能会面临合格的投资对象缺乏的问题。

因此,大量企业海外上市的结果事实上就是国内市场边缘化。所谓边缘化是相对于哪个为主导来说的。一般对于一个上市企业的

上市、交易、定价大多是以它的本土市场为主,现在的市场格局是慢慢变成以香港市场等为代表的海外市场在主导。香港股市对于国内经济波动、宏观政策的反应开始变得比国内还要敏感。

改变这一国内市场边缘化的格局,一个核心问题就是股权分置。对于一个成熟的金融市场来说,不应该如此恐惧新股发行,因为一个好的股票提供了良好的投资机会。当前国内市场对于新股的恐惧,一个重要的原因就是因为股权分置,使得整个市场的天平过分向筹资者倾斜。即使市场低迷若此,依然有大量的企业排队上市,而没有出现像海外成熟市场所出现的企业相应减少甚至停止上市的决定。同时,要解决中国广大企业的直接融资需求,很重要的一个方面还在于要有多层次资本市场,上海、深圳两个市场是不可能消化中国几十万、上百万家有迫切融资需求的企业。同时,发行的效率和透明度、公信力也十分重要。在这个过程中,对于企业海外上市中出现的冲击外汇管理以及一级半市场的混乱等,都应当从监管的角度采取相应的措施。

总体上看,海内外交易所对于上市公司的争夺,实际上是整个资本市场运行效率的竞争。目前的格局证明,国内的交易所显然处于劣势,这种劣势不可能靠行政的保护来维持。要吸引优秀的企业在国内市场上市,关键是提高国内的上市效率,增强企业的信心。同时,还需要合理布局国内的交易所的功能定位,对于上海、深圳与香港的主板和创业板之间做一个合理的市场布局。

股权分置试点的纠错

中国证监会 2005 年 4 月 29 日《关于上市公司股权分置改革试点有关问题的通知》中最为引人注目的亮点之一,就是通过分类表决权、独立董事制度和保荐人制度等,对流通股股东的利益进行保护。预计随着股权分置改革试点的展开,博弈将主要在机构投资者之间展开:非流通股股东;有影响力的二级市场机构投资者,特别是能够控制 1/3 以上流通股的股东,如基金、证券公司等机构投资者。

两点建议

对《关于上市公司股权分置改革试点有关问题的通知》的具体内容,有两点建议。

一是要防止操纵市场的可能。各家上市公司的股权分置解决方案千差万别,从具体方案形成到最终公之于众,可能历经相当长的时间,这为部分利益所有者操纵市场提供了可乘之机。可能一家上市公司刚开始提出了比较有利于流通股股东的方案,吸引不少股民买

进这只股票,但最后方案却不一定能够通过。另外,非流通股股东也可能与流通股大股东合谋,形成有利于二者的方案,剩余小股东成为最大的利益损失者。

二是要建立方案本身的纠错机制。对近14000家上市公司来说,没有一个适用于所有上市公司的、没有任何瑕疵的方案。在A公司皆大欢喜的办法,放在B公司可能就点中死穴。进行试点就是为了防止单个风险演变成系统风险。金融市场的试点,本身会影响市场的预期,导致股市的波动。为了防止市场大起大落,有必要建立纠错机制。每一家公司方案的选择都要有评议的过程,试点方案确定以后,要注意保证信息的透明度。监管部门有必要就这个专项问题设立及时有效的信息披露制度,或者建立专门的新闻发言人制度,或者是其他的信息披露制度。4月8日,市场上就流传监管机构选定4家上市公司作为股权分置试点的传言,但是,即使是中央电视台等机构,也只能道听途说地四处打听,如果试点全面推进,就可能形成巨大的噪音,影响市场的稳定,受到损害的还是广大中小投资者。

不要寄望所有问题从此迎刃而解

不要寄望解决股权分置就解决了中国上市公司的一系列问题,它只能解决流通股与非流通股股东利益不一致的问题,以及由此引发的相关问题。过去的股权分置缺陷,导致非流通股股东不关心上市公司业绩。以后实现全流通,至少原来的非流通股在解决股权分置之后与流通股股东的利益一致了,不能再说不关心股市波动了,但是除此之外,大小股东的矛盾、上市公司质量、大股东侵占上市公司资金等问题,其根源并不在股权分置。

实际上,解决股权分置问题之后,在一些公司,如果监管没有相应跟上,掏空上市公司、转移资产、利益输送等现象可能更加严重。大股东与小股东的矛盾,始终是所有证券市场面临的永恒的难题。

  最近到台湾考察,台湾股市讨论的热点问题之一,也是如何防范上市公司的大股东通过利益输送把资金转移到自己在海外设立的子公司。而我国现在的资本市场监管又相对薄弱,法律法规不健全。最大的惩罚金额也就五万块钱左右,对违规行为没有威慑力。全流通后,市场对监管部门的监管能力会提出更高的要求,对法律法规环境也会提出更高的要求。

个人征信,不仅是个人的问题

在悠久的中华文明中,我们既可以看到抱柱而死的书生、一诺千金的侠士,也可以看到诈术盛行的乱世。但是,中国的信用文化,往往容易停留在道德的说教,很少有制度的约束。这大概就是历史学家所说的,中国要从传统的封建文明走向现代文明,必须要从道德的说教转向"数目字管理",个人征信体系可以说是其中最有代表性的一个部分。相比之下,信用文化健全的现代市场经济社会里,信用与其说是一种义务,更不如说是一笔财富。当信用渗透到申请电话、管道煤气、电、水、租房乃至公司贷款、贸易资金往来等各个方面的时候,人们自然会像关心自身的财富一样关心信用,诚信此时成为一种自觉的理性行为。事实上在美国,一个人的信用和他的家庭都有很大的关系,个人的信用分数不仅事关自身的生活消费,甚至如果父母有足够的资金和良好的信用记录,那么子女申请信用卡也将是很容易的事情。可以说,信用不仅仅是一种银行调查资信的被动保护性措施,也是成熟社会里个人获取财富的主动手段,信用本身将成为一

种新型的货币,可以衡量,可以积累,可供消费。美国的年轻人为了获得更多的信用资历,往往在资金宽裕时尽量多地与银行及早接触,办理信用业务,通过按时还款、规范交易来增加信用账号上的分数,以便在将来购房购车时能便利地获得银行贷款。信用财富的观念带来的不仅是我们一直所强调的被动保护自身信用,更是主动创造信用记录,将信用财富转化为现实的购买力。我国个人征信系统的建立首先要求公民讲求信用、改善社会风气,更进一步则将深化信用观念、普及信用文化延伸到主动追求信用、创造信用,从而形成信用财富的理念。

个人征信系统的建立,使金融机构可以面临更多的创新和机遇,形成创造信用财富的更多机会,在此之上,金融机构可以有充分挖掘信用财富的余地。国外市场上,个人信用一直是银行业务的重要组成部分,在金融市场不断扩大、金融产品日益创新的今天,个人信用依然是银行赚取利润的主要来源之一。在美国,个人信用包括消费分期贷款,一次付清性贷款,信用卡,个人抵押的信用额度,用于购买汽车、游艇、飞机、娱乐器材的贷款,用于暑假、家庭住宅修缮的贷款,用于其他服务和消费耐用品的贷款,二次房屋抵押、住房证券贷款,学生贷款。日本的个人信用业务中,占比例最大的是住房贷款,约占个人信用业务的90%,另外还有信用卡和浮动利率贷款。相比之下,征信体系不健全的国内市场基于个人信用的金融产品种类少、操作不灵活。随着个人征信体系的建立,深入研究、充分准备,占得这一块市场的先机,充分挖掘此中的信用财富,无疑是金融机构新的重要利润增长点。

信用本质上是一种反映个人属性的信息,拥有价值,可以交易,因此信用信息的使用也成为信用财富理念的重要组成部分。1860年在美国纽约布鲁克林成立了第一家信用局,标志着美国个人信用市场的萌芽,经过一百四十多年的发展演变,形成了目前三大信用局——E-QUIFAX、EXPERIAN、TRANS、UNION-GONG公司——三足鼎立的局面。信用局——美国个人信用市场征信产品的主要供应者,专门从事个人信用资信的收集、加工整理、量化分析、制作和销售服务,形成了个人信用产品的一条龙服务。我国也成立过类似的信用中介机构,但远远未发挥其应有的功能。个人征信体系的建立,使得个人、银行等对个人信用产品需求应运而生,探索信用中介机构的发展是开辟信用财富之路的新途径。另外,这次颁布的意见稿专门针对银行系统建立的征信体系,但是个体在社会中的信用行为往往是多方面的,必然要求聚集和共享更多的信用信息。这方面日本的以银行系统的"全国银行个人信用信息中心"、邮购系统的"CIC"以及消费金融系统"全国信用信息联合会"协同共享的模式值得我们参考和借鉴。

个人征信是信用市场得以建立的基础性工作,虽然目前是基于银行信用贷款业务中的保护性要求应运而生,但是,个人征信体系所可能产生的显著影响,绝不仅仅局限于个人,也不仅仅局限于金融体系,这是一个巨大的转型过程的重要组成部分。

外资进入中国金融业的路线图：
制度框架与政策趋势*

一、入世三周年来中国金融业的对外开放政策

（一）按照加入 WTO 的条款，分步骤、分阶段开放金融服务业

中国是以发展中国家加入 WTO 承诺的，按照金融服务贸易协定（GATS）的逐步自由化原则，允许发展中国家在市场准入方面，可根据国内政策目标和服务业发展水平逐步实现金融服务业自由化。入世三年以来，中国政府按照承诺，分阶段扩大市场准入的程度，逐步实现金融服务贸易自由化进程的安排。

在金融服务市场开放的同时，未作承诺的资本市场也开始了渐进式的开放战略。2003 年 7 月中国开始试行 QFII 制度实际上就是在保持外汇管制的条件下，资本市场对外开放这个阶段性的渐进式战略中的其中一步。另外，证券发行市场也开始对外资开放，宁波东睦

---

* 本文与华中炜合作。

等股票已经登陆 A 股,外资购并、参股上市公司也已经启动。与此同时,按照"内地与香港更紧密经贸关系安排"(CEPA),中国还降低了香港金融机构进入的门槛。

(二)按照 WTO 要求完善法律法规

加入 WTO 后,中国政府按世贸组织规则,制定和完善了法律法规。首先是对当时正在实行的金融机构监管法规进行清理。凡与世贸组织规则有冲突、与中国加入世贸组织承诺相违背的予以废止,存在缺陷的予以完善。在清理原有法规的基础上,中国开始大规模制定新的法律法规(参见表 1)。

表1 入世三年来中国金融业法制建设情况

	保险业	银行业	证券业
修改或颁布的主要法律	《保险法》	《银行业监督与管理法》、《商业银行法》、《中国人民银行法》	《证券投资基金法》、《证券法》(正在修改中)
涉及外资金融机构的规章	《外资保险公司管理条例实施细则》、《保险经纪公司管理规定》、《保险资产公司管理暂行规定》、《保险公司投资企业债券管理暂行办法》、《保险资金运用风险控制指引(试行)》	《金融许可证管理办法》、《商业银行服务价格管理暂行办法》、《汽车金融公司管理办法》、《境外金融机构投资入股中资金融机构管理办法》、《金融机构衍生产品交易管理暂行办法》、《外资银行并表监管管理办法》、《商业银行资本充足率管理办法》、《银行卡管理条例》(起草中)	《外资参股证券公司设立规则》、《外资参股基金管理公司设立规则》

资料来源:中国人民银行、银监会、证监会、保监会网站。

(三)充分运用世贸组织有关规则对中资金融机构进行保护

为确保发展中国家的金融稳定,世贸组织的《服务贸易总协定》(GATS)规定了大量的"不对称"条款,主要有"保障条款"、"国际收支条款"、"普遍例外条款"以及有关的金融附件,对发展中国家进行特殊保护。入世三年来,中国政府充分运用这些条款,在对外开放时根据中国的政策目标以及金融服务业发展水平、区域分布状况,择优引进、优化布局,逐步进行。同时采用风险防范战略,利用市场准入条款中的限制措施,适当控制外资金融机构来源国分布、总数及分支

机构数量、控股比例等,防止外资金融机构对国内金融市场的垄断或控制,确保国有金融机构在中国金融体系中的份额和地位。

(四) 对于外资金融机构的监管体系逐步完善

加入WTO后,中国金融监管部门对于外资金融机构的监管,由以前强调行政审批的市场准入监管,正在逐步转向对外资金融机构的以市场和法规为导向的风险型监管。(1) 监管的法制框架逐步完善。中国政府制定了一系列监管规章制度,使得对外资金融机构的监管有法可依(参见表1)。(2) 监管标准、手段逐渐同国际接轨,开始注重对外资金融机构的风险监管。根据国际惯例,银监会对外资银行分行按照SOSA和ROCA评级体系进行监管;对外资法人机构则按CAMELS评级体系进行监管;同时坚持并表监管、分类监管要求,加强跨境监管和实施特别检查;保监会注重对保险公司偿付能力的监管。(3) 加强国际监管合作。根据2005年4月1日起执行的《外资银行并表监管管理办法》,银监会将首次对外资法人机构实施全球并表监管,对外国银行分行实施在华机构并表监管,通过对该机构全球经营风险和市场表现的关注,银监会将对外国银行在华总体经营和风险状况进行更有效的监管。

二、中国金融业开放的总体进度与形势

(一) 外资金融机构已经成为中国金融体系的重要组成部分

中国巨大的经济增长潜力和目前仍未得到充分满足的金融服务需求相结合,成为对外资银行来说极具吸引力的业务机遇。国际知名的银行、保险公司均已经进入中国,外资金融机构已经成为中国金融体系中的一支重要力量(参见表2)。中国金融市场成为全球金融体系中最受关注的地方之一,2003年,中国金融、保险业实际利用外资为2.3亿美元,占中国实际利用外资总量比重的0.43%,增长幅度为117.5%,成为实际利用外资增长幅度最快的行业。

表2 中国金融服务业开放的进度与特征

	保险业	银行业	证券业
外资金融机构市场发展状况	截至2004年10月,共有14个国家(地区)的39家外国保险公司在华开设了70家营业机构、124家外国机构设立了187家代表处。外资公司保费收入达59.9亿元,占中国保险市场份额的2.01%。外资保险公司总资产达到246.52亿元,占中国保险公司总资产的2.22%。	截至2004年10月,共有19个国家和地区的62家外资银行在我国设立了204家营业性机构,获准经营人民币业务的外资银行机构已有105家,外资银行规定范围内经营的业务品种已超过100项。在华外资银行资产总额达5 533.9亿元人民币,同比增长41.44%,约占我国银行业金融机构资产总额的1.8%,外汇贷款占我国银行业金融机构外汇贷款总额的18%左右。贷款总余额已达2 674.16亿元人民币,不良贷款率仅为1.3%。	到2004年10月,获得QFII资格的境外机构已达27家,已有20家QFII累计29.25亿美元的投资额度获得国家外汇管理局批准。证监会已批准设立外资参股基金管理公司9家,外资参股证券公司4家,交易所境外特别会员6家。境外证券经营机构在上海、深圳证券交易所分别有44个和21个B股席位。
外资金融机构在华市场特点	① 到2004年12月11日,中国保险业全面对外资开放,对外资的地域限制和业务范围限制将取消,中外资保险公司基本上要处于同一平台进行竞争。 ② 外资参股正在深入,合资保险公司层出不穷。 ③ 保险中介市场走向开放。	① 地域和运营门槛的限制进一步放宽,外资银行已经相当广泛地参与中国金融市场竞争。 ② 人民币业务开放迈出重大步伐。 ③ 外资银行参股中资银行速度加快,比重不断加大。 ④ 外资银行业务逐渐拓展,在许多领域体现出相当的竞争力。	① 合资证券公司开始露面,但并不受到外资的青睐。 ② 合资基金公司成为证券领域对外开放最为活跃的部分。

从目前银行、证券、保险三个行业开放的深度和广度看,保险业要高于银行业,证券业开放程度最小。这种格局是基于中国金融市场的现实需求而形成的,同时考量了开放的风险与收益的权衡。中国保险市场基础较为薄弱,加上处于转轨期的中国对于保险的需求增长较快,外资保险的加入能够弥补这一巨大的缺口,因而对现有中资保险公司的正面冲击较小,而中国银行业的改革尚未到位和新兴资本市场的脆弱性,使得政府在开放银行业和证券业时更加谨慎。

(二)外资金融机构主要集中在沿海地区和中心城市

外资金融机构在中国布局时注重对设置分支机构的成本与效益权衡,考虑的主要指标是该地区可预见的未来经济发展状况、业务发

展潜力、该地区其全球网络客户及业务规模等,所以经济发达、环境配套、管理规范的中国沿海地区和中心城市是外资银行设置机构的首选。到2003年底,156家外资(中外合资)银行分行的97%都集中在东部地区(主要是上海、深圳、北京、广州、天津、厦门、大连7个城市),中西部地区仅6家,占全国总数的3%。

随着外资金融机构经营地域的放开和中国区域经济格局的变化,外资金融机构的经营地域开始逐步调整:一是欧美金融机构从珠三角转向长三角。由于珠三角地域港资和台资企业较多,欧(美)资企业的中国总部大多位于上海,欧美银行开始向长三角地域转移。二是在CEPA利好带动下,一批中小港资银行开始在深圳登陆,深圳成为了港资银行"北上"的桥头堡。来自深圳银监局的统计数据显示,深圳现有外资营业性机构26家,其中港资银行17家,日本银行3家,欧资银行3家,东南亚银行2家,美资银行1家。三是外国中央银行开始在北京设立机构,以充分利用北京作为经济金融调控中心的区位优势,促进本国银行在华的发展。

(三)外资金融机构正逐步度过适应期

虽然中国金融市场巨大的市场潜力吸引了众多外资金融机构,但作为一个剧烈变化着的新兴市场,其不断变化的金融体制、特定的中国国情等,也往往使得不少外资金融机构难以适应这一富有活力的新兴金融市场,外资金融机构在进入中国的初期呈现出"水土不服"的症状。截至2003年底,不良贷款率超过20%的外资银行有24家,超过90%的有7家,其中一些银行已经黯然关张。2002年至2003年间,有将近40家外资保险公司的代表处撤离了中国,迫使外资保险公司不得不放慢其发展速度。

从目前情况看来,外资金融机构正逐步度过适应期,开始走上良性发展轨道。有数据表明,分布在中国东南沿海发达地区的分支机构已率先进入盈利期。截至2004年6月底,落户上海的外资银行及

代表处有 73 家,今年上半年各项贷款 153.9 亿美元,同比增长 50.68%;存款 87.58 亿美元,同比增长 65.21%,增幅均高于同期中资商业银行的水平。而 2003 年深圳市外资银行实现纯利润 4 086.18 万美元,其中港资银行的表现尤为抢眼,仅驻深港资银行就实现盈利 2 369 万美元,约占整个深圳外资银行利润的近六成,资产收益率达到 7.6‰,盈利能力明显高于驻深外资银行 5.58‰ 的平均水平。

(四) 外资金融机构与中资金融机构竞争与合作并存

外资金融机构进入中国后,已经在诸多方面与中资银行"短兵相接"。(1) 人才竞争。外资金融机构除部分高级管理人员外,绝大多数员工来自本土,国内金融机构内的优秀人才成为外资金融机构猎取的首要目标。(2) 客户竞争。外资金融机构与国内金融机构开展优质客户争夺战,著名"南京爱立信倒戈事件"[①]就是典型的例子。(3) 业务竞争。外资金融机构为了改变营业网点方面的劣势,更多通过借助于先进的管理模式和风险控制能力、成熟的金融产品开发经验,通过产品和技术创新来参与竞争。如外资银行纷纷将重点定在高技术含量的网上银行、现金管理、银团贷款、项目融资、贸易融资等产品上,并着力开发中国金融市场的短缺产品,不断加快产品设计开发的频率。仅就网上银行业务讲,截至 2003 年底,中国能够做客户网上交易服务的银行有 33 家,其中的 12 家是外资银行。外资银行在其已开展的一些中间业务如国际结算等方面显露出强劲的竞争力,国际结算业务的市场份额已达到 40% 左右。

为了规避中国入世承诺中对外资独资金融机构的各种限制,加上中资金融机构网络等既有资源的吸引力,外资金融机构在进入中国时,大多选择了与中国的金融机构或非金融机构合作的方式。

---

① 2002 年 3 月,南京爱立信提前归还工行、交行巨额贷款,转而投奔花旗银行,从花旗贷得同样数量资金,在金融界轰动一时,引起了国内银行对外资银行对自己优质客户争夺的深深担忧,被业界称为"南京爱立信倒戈事件"。

(1) 以参股、入股的名义进行股权合作。如汇丰控股出资17.47亿美元收购交通银行19.9%的股权,花旗、汇丰、恒生、国际金融公司和新加坡政府投资公司等多家外资金融机构都已经入股了中资银行。外资金融机构银行通过参股中资金融机构,可以充分利用其现有的网络和客户资源,按照自己的思路对中资银行进行改造,扩大市场的渗透能力,实现自己全球布局的战略意图。(2) 成立合资公司。在中国法规允许的框架内,与中资企业成立合资金融机构参与市场,如外资保险公司进入时中国大多选择了这条道路。(3) 战略合作协议。一般在大型的国有金融机构之间进行,涉及人员培训、产品推介、清算、基金管理等多种业务。(4) 技术合作。外资金融机构通过提供人员培训、管理服务,以及有关最佳国际惯例的专业技术和经验交流,与中资金融机构达成技术合作协议。(5) 业务合作。主要集中在银行的信用卡业务、消费信贷业务以及人民币同业拆借等方面。双方利用外资机构的品牌、先进技术、设备和服务与中资机构广泛的网络相结合,优势互补。

(五) 外资金融机构正加强对控制权的争夺

目前中国的合资金融机构大多要求中方控股,至少是拥有50%的股权。随着中国金融业开放力度的加大,外资优惠待遇的消失以及业务限制的逐步取消,外资公司将逐渐谋求控制权。这种势头已经开始显现。如在参股银行业的过程中,外资金融机构对于中国的股份制商业银行和城市商业银行青睐有加。除中小银行的公司治理较为健全、历史包袱较小等原因外,另一个重要因素就是它们更看重的是对银行的控制力。这些外资银行一旦进入中小银行,往往比较容易在董事会或某些领域取得控制力,如花旗银行进入上海浦东发展银行后就控制了信用卡业务。而在保险业方面,外资保险公司在中国合资的绝大多数对象是中国非金融行业巨头,外资依托国内特大垄断企业的财务资本和市场网络发展业务,同时利用合资对象不熟悉业务的特点掌控经营权,而在企业以后的增资扩股过程中,外方完全可以凭借资金优势来取得相对或绝对控股地位甚至完全收购。

(六)国内金融市场与全球金融市场相关性加强

随着中国资本项目可兑换的进程和资本市场的逐步开放,本国市场和外国市场在资金流动、市场运作等方面的联系的加强使得本国市场和外国市场的关联度逐渐增加。如在期货市场,中国上海期货交易所铜期市的价格已经参与全球商品定价,成为仅次于伦敦的全球第二大铜定价中心,天然橡胶期货市场也在向国际定价中心迈进;大连商品交易所的大豆期市已确立起世界非转基因大豆期货交易中心和价格发现中心的地位;郑州商品交易所的小麦期市与国际市场联系日益加强。

三、投资入股中国银行业:一些可行的模式比较

(一)投资入股中国银行业:状态与特点

虽然外资金融机构可以通过成立外资独资银行和合资建立新银行等形式进入中国的银行业市场,但是通过购买并持有中国国内银行机构的股份进入中国的银行业逐渐得到外资金融机构的青睐(参见表3)。

表3 外资银行参股中资银行情况一览表

时间	出资外资银行	参股对象	参股金额	比率
1996.01	亚洲开发银行	光大银行	1900万美元	3.96%
1999.09	国际金融公司	上海银行	2亿元人民币	5%
入世后参股中资银行成为外资银行进入中国市场的首选方式				
2001.12	汇丰银行 香港上海商业银行 国际金融公司(增持)	上海银行	6260万美元 1.95亿元人民币 2500万美元	8% 3% 2%
2001.11	国际金融公司	南京市商业银行	2700万美元	15%
2002.08	花旗集团	浦东发展银行	6700万美元	4.62%
2002.09	国际金融公司 加拿大丰业银行	西安市商业银行	N.A	12.5% 12.4%

(续表)

时间	出资外资银行	参股对象	参股金额	比率
2003.11	国际金融公司 淡马锡	中国民生银行	N.A	1.08% 4.55%

2003年12月,中国银监会宣布将单个外资机构入股的比例由原来规定的15%提高到20%,合计外资投资比例低于25%,被入股机构的性质和业务范围不发生改变。

2004.3	恒生银行 新加坡政府直接投资(GIC) 国际金融公司	兴业银行	17.26亿元人民币	15.98% 5% 4%
2004.06	新桥投资	深圳发展银行	12.35亿元人民币	17.89%
2004.8	汇丰银行	交通银行	17.47亿元人民币	19.90%
2005.03	荷兰国际集团(ING) 国际金融公司	北京银行	17.8亿元	19.9% 5%

另外,还有众多的商业银行以及信用社的交易已明确意向,如济南市商业银行和澳大利亚联邦银行、渤海银行和渣打银行、德国复兴开发银行集团与南充市商业银行、澳洲联邦银行、荷兰合作银行与杭州市农村信用社的合资等;上海农信社、光大银行、苏州商业银行、杭州市商业银行、哈尔滨商业银行以及四大国有银行的引入战略投资者工作也在紧锣密鼓的谈判之中。

就现实状况来看,以投资入股方式参与中国的金融业的优势在于:(1)较低的进入成本。与独资和合资方式比较起来,参股方式避开了众多的法规和政策限制,绕开了各种壁垒。另外,在投资入股一些中小金融机构时,外资金融机构可以以较小的资金成本取得较大的权益。(2)在业务拓展和经营管理上发挥较大的作用,能将新产品的开发、创新和中资银行的分销网络、人民币业务规模相结合以更有针对性地对目标和产品领域进行渗透,扩大其在本地市场的业务份额。(3)在时间上避开了中国开放人民币业务的时间限制和地域限制,提前全面进入国内银行市场,利用国内银行分支网络和广泛的客户基础,推广外资银行的产品和服务。

外商投资中国银行的过程中,随着中国金融市场的发展、管制的放松,外资的角色也在不断的演变,从一开始以财务投资者身份试

探,逐渐转化成战略投资人角色;从最初仅谋求在董事会发言的权力,发展到在业务层面尝试多种合作。从目前来看,投资入股的方式呈现出以下特点:

1. 外资参股的方向出现分化。观察入股中国金融市场的外资金融机构,真正有实力大比例参股目前中资银行第一阵营的还是以花旗、汇丰为代表的外资银行第一团队;其他规模上逊色于上述银行,但中国业务特色明显的外资银行则将目光盯在了股份制商业银行身上;此外第三、四梯队的外资则瞄准了他们能够拿下的目标。"门当户对"原则在互补型参股的案例中体现得淋漓尽致。

2. 中小银行,特别是城市商业银行是外资金融机构参股下一步的热点。包括股份制商业银行、城市商业银行和农村信用社在内的中小金融机构,同时得到所有外资金融机构的青睐。原因在于:(1)中小金融机构的现实需求。我国目前正在对全国 112 家城市商业银行以及 5 万多家农村信用社进行改革和重组,这是中国目前差异化程度最大的一种银行机构,除了一批较差的机构必须退出市场以外,相当一部分急需补充资本金,提高资产质量和经营水平,引入外资是这些机构的首选。(2)监管当局的政策支持。随着外资参股中国中小金融机构的正面效应的凸现以及监管当局监管理念和监管水平的提升,对于外资入股中小金融机构政府已是支持姿态,并屡屡出现撮合。银监会 2004 年 9 月 7 日表示,鼓励和支持城市商业银行积极开展引进境外战略投资者、上市以及和城市商业银行之间的联合与重组等项工作。

(二)几种投资入股模式:优势、难点与风险

从中长期来看,外资金融机构不太可能满足于仅仅以战略投资者的身份持有被参股银行的少数股份,而是会尽力争取绝对或相对控股地位。即使暂时无法实现控股,外资银行也会通过派驻董事及其他高级管理人员等方式对被参股银行施加更大的影响,从而更好

地为其在华整体战略目标服务。从已有外资银行投资入股的策略来看,可以粗略划分为以下几种方式:

1. 持有相对控股比例,控制董事会,实施流程再造

(1)案例:新桥投资——深圳发展银行

新桥投资入主深发展的过程一波三折,最终新桥投资入股比例为17.89%,成为首家外资控股中国的商业银行,而且还是控股一家上市的全国股份制银行。在深发展召开的2004年度第一次临时股东大会选举出了新的董事会成员共15人。其中,10名非独立执行董事当中,来自外方投资者新桥投资的董事成员有5位。5位独立董事中,还有2位是外国银行家。很明显,新桥在新董事会中占优势。

新桥入主深发展后已经开始了对银行的改造:一是优化组织架构和人员配置。新桥掌握控制权后,即花重金请来国际咨询公司对各家分行行长进行调研,并实施了中高层的变动。在适当保留部分适用人员后,新桥发展很可能还要在全球范围内重新聘请职业经理人。二是强化风险决策。3月28日,深发展面向全国招聘1名总行风险管理部总经理、4名总行风险审查委员会专职委员及若干名分行或业务线信贷执行官。招聘的核心正是建立一条从总行信贷风险执行总监到分行或业务线高级信贷主管的授信业务垂直控制链。银行的风险控制部门将得以相对独立,新桥借此形成对内部各职能部门及其工作人员从事的业务活动的风险控制和相互制约,最终建立起信贷执行官和各分行行长之间的有效制约机制。

(2)优势分析

这是众多外资金融机构进入中国银行业最为企盼的方式。外资金融机构可以通过在董事会和经营层的有利地位,贯彻自身的经营理念,对银行进行彻底的改造,使之真正成为具有国际先进管理水平的银行。

(3) 难点分析

① 被参股银行的要求条件较为苛刻。被参股对象股权较为分散,且可能必须从不止一个股东手中购入股权,谈判成本较高。

② 必须得到政府的支持。金融行业一向被认为是政府应当控制的领域,控股权的出让显然是十分谨慎的。

③ 应该附加有持续经营的规定。对于不完善的中国金融市场来说,投机性的短期经营行为一向不受到欢迎。

④ 股权的定价以及准确掌握不良资产状况等真实情况是一个挑战。

(4) 风险分析

① 可能招致中方管理层最强烈的反弹。在深发展交易的整个过程中,董事会原高管人员与转让方关系均十分紧张,导致谈判屡屡陷入僵局。

② 受到当局严格的监管。

2. 入主银行的董事会谋求发言权,输出先进管理经验和经营理念,对银行进行再造,从而增强控制力

(1) 案例:汇丰银行——上海银行

汇丰银行 2001 年 12 月以 6260 万美元的价格购入上海银行 8% 的股权,成为仅次于上海国有资产经营有限公司的第二大股东。在此之前,IFC 已经先于汇丰银行进入该行,通过多层次渗透方式给上海银行带来了实质性的影响。

汇丰银行派驻一名董事进董事会(另一位参股股东 IFC 同样派驻一名董事),经常在董事会上投出反对票,反对银行不顾资本金的约束盲目扩大资产规模,使得上海银行较早接受了资本管理的理念,实现了稳健的发展。汇丰还同上海银行在银行治理、组织架构、市场营销及服务和品牌建设方面开展了全面的合作。参照汇丰的做法,上海银行成立了"Call center"(电话服务中心)。目前,上海银行正在

进行组织体系及业务流程的彻底改造,将形成一个扁平化、集约化、专业化和矩阵式的组织架构。总行将同时面对二百多个网点,这些分支机构将成为提供一致服务及单纯销售和柜面服务的网点,同时通过成立多个营销中心和建立客户经理制来开拓业务和产品营销。2003年底,上海银行的资本充足率达到10.6%,不良贷款率仅为3%。

(2)优势分析

大多数外资金融机构入主城市商业银行等中小金融机构,在股权上并没有取得控股地位时,都采取了这种策略。这种模式的优势在于:

① 可以利用自身优势对公司施加影响,较好地贯彻自身的经营理念,使得银行迅速转换经营机制和提高管理水平。

② 在双方磨合良好的情况下,能对银行实施全方位、多层次的掌控,慢慢地把自己的基因植入银行体内,利用自身在管理、技术和全球网络的优势,逐步掌握主控权,并在适当的时机通过增资扩股实现控股。

(3)难点分析

① 要取得被参股方的充分支持与配合。虽然大多数银行在引入外资投资者时都表示希望外资金融机构带来先进的经验,但当外资机构对公司实施全方位的介入时,必然会受到不同的阻力,这时必须要取得参股对象的充分支持与配合。

② 要求外资金融机构本身具有充足的管理经验。中国的银行是植根于中国企业文化的土壤而生成的,在股权不占优势的情况之下,外资金融机构想通过介入从而对银行施加全方位的影响,必须要求其自身有令人信服的经验。

③ 要求派驻到银行的董事会成员和高管具有较强的控制力。个人能力往往在关键的场合体现出分量。例如,IFC派驻上海银行和南

京市商业银行的董事蓝德彰就是一位中国通,从不忌讳与董事会开展激烈的辩论,所以能够给银行的高层带来较大的冲击。

(4) 风险分析

① 与参股对象在经营理念和文化上可能产生冲突。外来参股者的深度介入,必然引起银行与参股对象深层次的冲突与纷争。这种冲突如果处理不当,将会导致参股对象的边缘化。

② 与当地政府关系的处理。城市商业银行的定位、发展方向,地方政府的意见往往有着较大的话语权重。如果与地方政府关系处理不当,银行的发展就可能会受到影响。另外,国内银行的重大人事任免权仍然在政府手里。

3. 深度介入并控制银行某项业务,逐步延展到银行的其他层面

(1) 案例:花旗银行——浦发银行

上海浦东发展银行2002年底与花旗银行达成结为"具有排他性的战略合作伙伴关系"的协议。协议包括入股、信用卡业务和风险控制等方面的合作。在入股方面,花旗分为三个步骤:第一步入股5%;第二步、第三步是在2008前,在政策允许的情况下,花旗可增持至14.9%,最终不超过24.9%。

但对花旗来说,合作的全部重心几乎都放在了信用卡上。浦发银行信用卡中心名义上设在浦发行下,实则为按公司化运作的半独立运营中心。一旦政策允许,信用卡中心肯定会走向独立,成立合资公司。而在此之前,双方承担对等的风险、权利和义务。根据协议,花旗提供技术和管理,目前所有工作人员的工资在信用卡中心支付,计入浦发行的成本。信用卡中心的首席执行官和四个部门的正职均来自花旗,副职则全由浦发行的人担任。首席执行官向一个由花旗和浦发各三人组成的"信用卡中心管理委员会"汇报。另外,花旗还提供了集团内最新版本的业务系统,所有的数据处理则集中到花旗在新加坡的亚太数据处理中心进行。在管理上,花旗也输出了一支比

较有经验的团队。

与在信用卡方面的实质性参与不同，花旗银行暂时对于浦发行的其他方面的合作并未投入太大力量，只是提供一些技术援助。如在花旗擅长的个人业务方面，花旗并未在产品开发方面有任何的合作和参与。

（2）优势分析

花旗与浦发银行在信用卡业务方面的合作是外资银行参股战略考虑的一个典型案例。这种参与模式的优势在于：

① 投资者能以最快、最有效的模式直接进入某项具体业务的市场。有着技术、产品优势的外资银行，利用合资中方伙伴的优势完全有可能后来居上。如花旗集团利用自身的经验优势，结合浦发行的本土优势，双方深度合作后可以迅速在这个内地中资银行也刚刚起步的新领域取得优势地位。

② 可以在政策形势突破时迅速切换为合资公司开展业务，而无需经过过渡期。花旗虽然表面放弃了在中国内地独立发卡的地位，但花旗成功地取得了在浦发信用卡中心的控制地位，未来政策一旦突破后肯定会转换为合资公司。

③ 避免了在公司层面与原先股东方的利益冲突。这种模式往往只是将合作与控制限定一些刚刚起步的新领域，在这个局部范围内通过一系列的制度约束，外方能够较为有利地取得控制地位，从而避免与中方股东的冲突。

（3）难点分析

① 要求投资方在该项业务上较为权威：在中国的金融市场不成熟的情况下，必须要求外方在该业务的经验、风险控制能力、操作方式方面都具有较强的优势，才能让中方信服。

② 要求该项业务具有新的业务增长点和较大的发展潜力，并与银行的各项业务之间可以具有一定的技术或性质上的独立性，可以

进行一个较为确定的区分。

（4）风险评估

① 该项业务市场前景存在不确定性。一旦该项具体业务开展失败，则很难继续对银行实施其他的进一步的渗透和控制。

② 通过控制该项业务从而渗透至整个银行存在一定难度。由于中国的商业银行的公司治理和内控机制的不完善之处，即使外资机构在该项具体业务上取得成功，也可能很难介入其他业务。

③ 对于一些本地性的商业银行，如城市商业银行，由于它们存在业务的范围限制，如果选择这种方式介入则往往也受到限制。

(三) 投资入股过程中可能遇到的其他问题

1. 定价分歧

中国上市公司的非流通股转让的重要参考指标是每股净资产，对于银行股权转让的溢价没有成熟的参考标准。另外，诸多的中国的银行一般只按照贷款余额的1%提取一般准备金，对不良资产的拨备远低于国际标准。

在深发展、上海银行、西安商行的入资过程中，都因为价格的问题引起过重大分歧。如在西安商行入股的谈判中，由于按照国际会计准则西安商行的每股净资产大大低于1元——2003年底是0.30元，2004年底高于0.50元，但中方坚持要以每股1元的水平出售，所以经过曲折的谈判后，最终采取"渐进式入股"安排，按照入股协议，外资在首次入股后四年内可将认购比例提高到24.9%（其中丰业银行持股12.5%，IFC持股12.4%）——这也是外资银行入股的上限。外方对何时行使认购权有充分的选择权且认购价格为每股1元；直到西安商行按照国际会计准则审计的每股净资产达到1元时，外方才必须认购。

2. 法律管辖权

合作过程中出现纠纷后的法律管辖权问题，也是入股的争执点

之一。如在花旗入股浦发的过程中,花旗坚持要适用美国的法律,中方要适用中国法律,最后决定适用注册地中国法律,一旦有纠纷用第三方法律——新加坡法律。在西安商业银行与加拿大丰业银行的合资项目中也同样出现了纠纷,后者最终接受了适用中国法律的要求。

四、外资进入中国金融市场下一步的政策趋势

1. 符合中国金融市场发展策略和意图的外资金融机构在市场准入等方面会得到扶持。在银行方面,城市商业银行和农信社的重组是需要外资支持之处,而从保险行业发展趋势看,健康保险、农业保险、巨灾保险等方面是中国保险市场有待壮大的领域,西部地区和东北老工业基地也是急需保险支持的地区,在这些领域有经验和战略考虑的保险公司,自然会得到监管机构的支持。

2. 吸引合格的外资金融机构进入将成为中国加快金融改革的市场工具之一。从银行业的重组改革重,中国的银行监管机构积极鼓励合格的外国银行的参与,从而推动中国银行业的产权结构发生变化,同时,外国银行参股也将对国内银行业产生"学习效应"和"示范效应",在这个过程中,中国银行业将逐渐学习外国银行先进的管理经验、金融产品创新经验、客户服务理念以及处置不良资产的方法等,从而提高国内银行的素质。

3. CEPA加快港澳金融机构进入内地市场。在CEPA框架下,在中国内地与香港、澳门建立更紧密经贸关系的过程中,对香港和澳门地区的金融机构进入内地市场提出了更为积极的政策条件,使得港澳金融机构可以在更为优越的政策条件下进入内地市场拓展业务机会。

4. 内外资金融机构的监管要求会日益一体化,外资金融机构在不断获得更大业务空间的同时,其一度享受的超国民待遇将被逐步取消。在过去20年里,中国对外资金融机构监管的基本政策取向是

提供优惠政策与严格市场准入、限制业务范围相结合,总体而言,限制成分更多一些,主要集中在市场准入方面,缺乏对外资金融机构的及时有效的风险监管。随着开放的深入,外资金融机构已成为中国金融体系中的重要组成部分,它们的安全运行将直接影响到中国的金融安全。故中国监管当局将逐步加大对外资金融机构的业务监管和风险监管力度,确保安全运行,有效控制风险。

5. 长远来看,独资金融机构及其控股下的金融机构将成为下一步的发展趋势。目前中国的合资金融机构大多要求中方控股,至少是拥有50%的股权(合资保险公司)。随着中国金融业开放力度的加大,外资优惠待遇的消失以及业务限制的逐步取消,外资公司将逐渐谋求控制权。从中长期来看,大型跨国银行不太可能满足于仅仅以战略投资者的身份持有被参股银行的少数股份,而是会尽力争取绝对或相对控股地位。即使暂时无法实现控股,外资银行也会通过派驻董事及其他高级管理人员等方式对被参股银行施加更大的影响,从而更好地为其在华整体战略目标服务。这种独资化的趋势在竞争较为充分的中国产业资本领域正在上演,相信在不久的将来会蔓延到金融资本领域。

五、外资金融机构参与中国金融市场的途径及应注意的问题

(一)短期内参与中国金融市场的途径

1. 合格的境外金融机构参股中国银行业受到积极鼓励

目前的主要政策目标,一是推动银行业的产权结构调整,二是寻求新的资本金补充渠道。2003年12月8日,中国银监会发布《境外金融机构投资入股中资金融机构管理办法》,鼓励境外金融机构中长期投资入股中资金融机构。该《办法》允许境外金融机构按照自愿和商业的原则,参与中资银行业金融机构的重组与改造,并对投资入股的条件与程序加以适当的规范,改变了以往外资入股需要逐个请示

上报的做法,减少了个案之间的差别与不确定性。因此,在参股、合资、独资这三项外国银行可能选择的模式中,近期以参股和合资为主最受到政府认可。参股和合资可使外国银行与东道国优势互补,达到"双赢"的目的。当前,中国正在对全国五万多家农村信用社以及一批城市信用社、城市商业银行进行改革,中间的机会不言而喻。

2. 与大型传统国企合作,是进入中国保险业的捷径

现有的合资保险公司,绝大多数选择了中国非金融行业巨头作为合作伙伴。选择依托国内特大垄断企业的财务资本和市场网络,并掌控经营权,是外资的主要收获。对于这些超大型国企而言,进入金融领域,并且将对外购买金融产品的支出内部化,当然是不错的选择。而且这些特大企业的上下游产业伙伴带给外方出资人的巨额团体业务市场,难以估量。

3. 中国合资基金业发展前景广阔,同时也会面临中资基金管理公司强劲的市场竞争

在我国的资本项目管制逐渐放松后,如果允许合格的国内投资者用外汇买卖境外的投资品种,合资基金公司由于拥有熟悉境外市场的外资机构,将会很有优势。

(二)外资金融机构进入中国市场应当注意的问题

1. 要从中国金融市场体系发展中最为急需的环节着手

外资金融机构进入中国市场,也应当对自身的竞争优势进行客观的评估,同时分析自身具备的业务优势是否是中国金融市场发展所急需的。例如,农业保险是世贸框架下替代直接补贴来扶持农业的通行做法,中国目前缺乏这个领域的有经验的公司,因而农业保险方面的优秀保险公司自然会受到青睐。

2. 充分发挥混业经营的体制优势

目前,中国正处于从分业经营向混业经营的转换过程中,中国层出不穷的金融控股公司就是一个有代表性的平台。在这个方面,外

资金融机构通常积累了一定的经验,如果能够充分发挥混业经营体制的优势,开发出适应市场需求的金融产品,不仅能够推动中国金融体制的转换,而且对于中国的金融创新、对于外资金融机构拓展生存空间也有积极的意义。

3. 慎重选择合作伙伴

目前看来,外资选择的中方合作伙伴均具有三个背景:一是政治背景,二是国际背景,三是资本背景。外资认为选择这样的中方企业可以使合资公司在中国特定的社会环境下获得某种直接或间接的利益。由于具有国际合作和国际市场经验,容易在管理理念上进行沟通。同时这些企业在中国都是属于最具经济实力的企业。但在中国目前的市场环境下,同时具备这三个背景的企业很少,使得外资在选择可以与其相匹配的合作伙伴上发生困难。

4. 尽快实现人才、金融产品和金融技术的本土化

由于金融产品是一种社会产品,并非简单的技术产品,它的生存必须依赖于一定的社会和市场的土壤,必须适应于这种土壤本身特有的文化、法律、资本市场等环境。外资公司进入中国市场以后,必须要投入较长的时间来了解本地市场,收集数据,设计产品,建造产品销售网络,培训销售人员等。特别是保险公司,本土化的程度高低更是直接影响到能否在中国顺利发展。

殊途同归的中日证券业重组

近年来中国证券业所遭遇的冲击与重组的压力,可能是中国证券市场成立以来所没有过的,2002 年以来,倒闭、接管的证券公司已达 19 家,占现有证券公司总数的 15%;没有出现问题的证券公司,经营状况也乏善可陈,接连出现全行业亏损。出现问题的证券公司,常见的违规问题是挪用客户保证金、违规国债回购、自营业务亏损、违规委托理财等。针对这些问题,目前监管机构强调的思路基本上是强调"分类监管",对证券公司进行一定的分类,给不同的证券公司以不同的发展空间,目前已经推出的是"创新类"证券公司,正在积极酝酿推出"规范类"证券公司的评审。

显然,进行适当的区分是提高监管效率的最为基础性的工作。如果不加区分,简单地对一百三十多家证券公司采用同一种方式,监管资源像撒胡椒面一样随机分配给风险状况存在很大差异的证券公司,监管效果不可能有提高。在此次强调分类监管之前,并不能说监管机构就没有对证券公司进行分类监管,例如此前的证券公司也一度划分为综合类、经纪类等;现在则只不过采用另一套分类体系,如创新类、规范类等。目前看来,新的分类标准的政策意图,是试图在"激励相容"的监管理念下,允许经营状况相对好的证券公司有更大的创新空间,同时把监管资源更有效地集中在风险比较高的证券公司的处置方面,因此这一举措是有积极意义的。

国际金融界在评选"20世纪最有影响的十大财经人物"时,将巴林银行的交易员尼克·里森选入其中。这位巴林银行在新加坡的交易员通过违规的金融衍生交易,使得巴林银行这家百年老店一夜倒闭。他的获奖感言中据说有一句有意思的话:"不能很好地了解历史教训的人,往往会重演历史悲剧。"

反观中国证券业的发展,是否也遭遇了类似的"因为不能很好地了解历史教训"而出现的"历史悲剧"呢?我们以前总是容易强调中国证券市场和证券公司的特殊性,即使借鉴国际经验往往也是容易"言必称欧美",对于日本、中国香港、中国台湾等曾经遭遇的经验教训借鉴不足。现在看来,中国证券业目前遭遇的困境以及所采取的一些应急性的对策,实际上以日本为代表的一些海外市场也都一度曾经遭遇过。仅仅以日本为例,目前的分类监管以及相关的监管措施与日本当年处置问题证券公司时十分类似,但是在分类监管这一点上还存在很大的差异,值得深入分析和借鉴。

英国《金融服务与市场法》(Financial Services and Markets Bill)坚持的"好监管"的六条原则,强调的是六个方面的监管理念:使用监管资源的效率和经济原则;被监管机构的管理者应该承担相应的责任;权衡监管的收益和可能带来的成本;促进金融创新;保持本国金融业的国际竞争力;避免不必要的对竞争的扭曲和破坏。如果参考这些监管原则,结合监管的透明度等基本要求,目前的一些监管做法确实存在一些有待完善的地方。

实际上,反观日本泡沫经济破灭之后全面推进证券业重组的进

程中,所面临的问题,所采取的举措,与中国当前的证券业重组有惊人的相似性。日本从1996年开始全面推行证券市场的市场化国际化改革,到目前为止,有一定成效,但是成效并不明显,直接融资占整个融资结构的比率提高十分有限,这也使得我们不得不对未来中国直接融资比率提高的趋势抱一种更为谨慎的态度。

日本在泡沫经济破灭之后,痛感证券市场的滞后和证券业的经营困境,在1996年11月,由当时的桥本内阁提出进行"日本版的大爆炸式金融改革(BIG BANG)"的设想,强调要振兴东京证券市场,使之重新成为与纽约、伦敦并列的国际金融市场,特别是要推进对日本证券业的改革与重组。日本1991年6月证券业的从业人数达到最高峰,而到了金融改革的后期,这个行业的从业人员减少了46%,这个清理的规模是相当大的,证券公司数量也有显著的减少。

值得玩味的是,日本金融界在证券业的重组与清理过程中采取的举措,与当前中国的证券业几乎高度一致,而其中差异较大的地方,实际上也体现了当前证券业管理体制的一些缺陷。

日本证券业重组所作的第一项工作,就是全面修订证券法等基本法规,1998年日本对《证券交易法》作了大规模的修订,重点在于完善游戏规则,特别强调降低证券行业的准入门槛,证券公司业务范围的自由化以及选择空间更大。与此形成对照的是,中国现有的证券法起草于强调管制的1997年,在许多方面已经完全不能适应目前证券市场的发展需要。至于证券行业准入门槛的降低以及证券行业业务范围的自由化,则是目前中国证券业重组中进展十分有限的环节,在强调一些证券公司的退出的同时,没有降低门槛引入多元化的竞争者,现有竞争者的业务范围限制过于严格,这一点会显著限制整个证券业重组的实际效果。

其次,日本证券界着手完善证券市场的基础设施和基础交易制度,增强投资者的信心,特别是强调保证金的独立存管,消除日本证券公司挪用客户保证金的可能渠道。客户资产的独立存管,使得证券公司出现问题时,客户资产不会受到损失。日本在1998年证券交易法修订之前,要求证券公司替客户保管的有价证券需要独立保管,但没有对保证金存款和期货交易保证金明确加以规定,这就导致了日本证券公司的大量挪用。显然,目前中国的证券公司大量挪用客户保证金,不应当仅仅归结为证券公司的不合规经营,而应当归结为监管制度上的漏洞和缺陷。香港市场上曾经也发生过证券公司挪用客户资产导致证券公司倒闭的案例,最终促成香港监管机构弥补了客户资产存管上的制度缺陷。目前,中国的证券监管机构在积极推进这一客户保证金的独立存管工作,在已经出现如此大规模的保证金挪用之后再想到弥补这个制度缺陷,实际上已经是比较滞后了。

第三,为了增强投资者对于整个证券体系的信心,日本在证券业重组中强化了证券投资者保护基金制度。历史地看,1969年日本就设立了一个证券补偿基金,但这是没有法律依据的财团法人,是否加入由各证券公司自己决定,这个基金对每家发生问题的证券公司的最高补偿金额是20亿日元,曾帮助了7个证券公司。在日本证券业的重组过程中,新的日本投资者保护基金是在1998年12月设立的,每个公司都必须参加,每个客户最高补偿额度是1 000万日元。这一点与目前正在推进的证券投资者保护基金也比较一致。

第四,日本证券界为了区分不同证券公司的风险状况,没有采取简单的分类办法,而是着手建立了以自有资本比率为核心的动态风险监管体系,使得对于证券公司的风险监管可以实现动态化、预警化、差别化。日本的证券监管机构密切监管日本的证券公司的自由资本比率,促使日本的证券公司保持一定的自有资本的比例,如果这个比例降到一定程度,就及时介入,避免在十分被动的资不抵债情况下再介入,成本过高。日本证券界对于自有资本比率的计算方法是,以"没有被固定的自有资金额"为分子,以"将来可能发生风险的金额的资产"(包括市场风险、信用风险和操作风险)为分母。日本证券监管机构要求,日本的证券公司需要及时计算自有资本的比例,每个月末及遇到特定情况时必须向日本内阁总理大臣报告。当自有资本比例达不到规定水平的时候,应当通过采取早期纠正措施,避免由于单个证券公司的问题对整个市场带来的影响。这个及早介入的自有资本比率监控措施是在1998年日本《证券交易法》修订的时候引入的。具体的规定是,如果自有资本比例低于140%,证券公司就应当向内阁总理报告,同时要直接向金融厅长官报告,证券公司还要提交维持自有资金比例的计划。如果自有资本比例低于120%,也就是《证券交易法》规定的最低标准,就要提交恢复自有资金比例的计划;如果低于100%,日本金融厅就有权规定该公司三个月内停止部分或全部业务,如果三个月内情况没有好转,就取消该公司的证券从业资格。当证券公司的自有资金比率达到100%时,实际上就是快要接近资不抵债之前,如果较早地介入和防范,就能显著减少对于市场的冲击。相比较而言,目前我们采取的证券公司分类监管的标准较为含糊,缺乏足够的透明度,强调的是静态的指标、事后的指标,有不少主观判断的成分,很难做到事前介入,同时保证评估标准对于不同规模证券公司的公平性和一致性。

例如,中国的证券公司的分类监管首先必然需要依据大量的财务数据来进行分析和评估,但是,这些财务数据是否真实可靠呢?根据研究,在目前中国的证券公司中,6家被撤销和13家被接管的证券公司的10项主要的财务指标,和那些目前来看运转正常的中国的证券公司的主要财务指标并没有什么差别。这就意味着,现有的财务数据难以客观清晰地用作分类的依据。客观的财务数据不足,就必然需要大量依靠主观的判断。那么,目前的问题是:这些评估的指标是否客观合理?评估过程是否透明?是否人为扭曲了市场竞争机制,如抑制了一部分健康的中小证券公司的发展空间?目前的分类

标准,过于强调证券公司的规模,是否不利于大多数有活力的证券公司的竞争力的提高?

第五,在日本证券界的重组过程中,日本强调了对不同的监管机构进行清晰的职权划分。比如日本金融厅负责证券公司的整体监察,而与交易公正性有关的工作就交给日本证券交易委员会,金融厅重点负责有关证券公司财务状况等方面的监察,日本的证券交易委员会则主要监督市场规则的遵守情况。日本的证券业协会则将重点放在客户开发、监督客户资产是否单独保管等方面。东京证券交易所则重在交易环节,负责监督从接受客户交易、委托业务到交割的整个过程的合规和风险状况。日本金融厅、日本证券交易委员会、日本证券业协会、东京证券交易所、大阪证券交易所每季度都要召开一次交流通报会,日本证券业协会和证券交易所定期将检查结果向证券交易监管委员会报告。与此形成对照的是,目前在不同的监管机构、行政监管机构和自律监管机构之间缺乏清晰的职责划分,整个监管过程过于依赖行政监管,交易所、自律组织和行政监管部门缺乏有效合理的分工。

因此,对照日本在20世纪90年代开始的证券业的重组,与当前正在积极推进的中国证券业的重组,我们可以发现许多的相似性和一致性,引人深思。其中采取的一些类似的做法,例如推进客户资产的独立存管以堵塞监管体制的漏洞、建立证券投资者保护基金以增强投资者对于市场的信心,都已成为共识。中国对于证券法的修订,也在积极推进中。

但是,如何在推进证券业重组进程中,逐步降低准入门槛以及证券行业业务范围的自由拓展问题、监管职能的合理分工问题,目前的进展十分有限,证券业准入门槛的降低能够在推进证券业重组的进程中吸引新的市场竞争者,保持一个有竞争压力的市场环境;证券业的业务范围选择的自由化,为证券业的创新提供了更大的空间;监管的合理分工,则可以淡化监管机构主观性的干预,发挥不同市场主体的功能。

相比较而言,目前在对于证券公司的分类方面,中国的差距最为明显,现有办法的最大缺陷,在于其建立在并不准确全面的财务信息基础上,同时是静态化、事后化的,主观判断色彩也比较浓厚。一个以风险为导向的证券公司分类框架,分类的根本依据应当是风险指标,日本所采用的自有资本金比率就是一个动态的、预警性的风险指标。在分类过程中,如果过于强调证券公司的规模,例如目前规定的申请创新试点的公司最近一年的净资本不能低于12亿元,这实际上就将一些经营状况可能不错的证券公司排除在外了,形成了事实上的对于中小证券公司的歧视。但是,如同所有的金融机构一样,证券公司并不是越大越好,南方证券规模已经够大了,还是经营失败,因此如果不以风险为导向分类,有可能一些越大的证券公司隐含的风险越大。

当然,中国的证券公司监管还面临许多独特的问题,使得中国的证券监管更为复杂。首先,目前证券公司的信息披露透明度相当低,监管机构难以掌握到全面准确的监管信息,倒闭的证券公司的主要财务指标与目前看起来正常经营的证券公司差不多,使得监管机构在进行重组的过程中还需要投入相当大的监管资源来进行所谓"摸清家底"的工作。另外,表面看中国的许多证券公司经营失败一般都是由于这些公司违规违法经营导致资金链断裂形成的,但中国证券市场存在的一些不可忽视的缺陷也是重要的原因,比如上市公司质量不高、股权分置导致的流通股股东的弱势地位、监管效率不高、违规成本低、公司内部财务状况不透明、法律法规不完善等。

日本著名经济学家青木昌彦一次在与中国经济学家交流时,强调不太赞成中国的经济学家把日本泡沫经济破灭之后的10年称为"迷失的10年",青木教授强调,日本在这10年之间所进行的结构调整和制度改革,事实上是取得了相当大的进展,例如日本的就业制度已经相当具有弹性、日本的金融体系的市场化有了长足进展。反观日本在证券业重组中所采取的积极举措,我又想起青木教授的这个判断。日本采取如此全面的证券业重组,证券市场发展在整个金融市场中的影响力依然有限,中国证券市场要在整个金融体系中占据更为重要地位,确实还有很长的道路要走。

港币利率与美元背离中的人民币因素*

随着中国经济规模的不断扩大以及对外经济影响能力的不断提高,中国经济已经成为全球市场中一个影响力不断提高的重要组成部分,这不仅使中国经济受到全球经济的影响更为直接,同时也使得中国经济对全球经济的影响力在提高。中国香港地区在这一点上表现得更为突出。近期港币与美元利率之间走势的背离就集中体现了这一点。

美国联邦储备委员会 2004 年 11 月 10 日决定 2004 年度第 4 次上调利率 0.25 厘,除香港金管局因货币制度的原因,跟随美国将港币贴现窗利率由 3.25% 同步上调至 3.5% 之外,香港货币市场的存贷款利率不但未按联系汇率机制随之上浮,香港的银行反而下调最优惠贷款利率 0.125%,大多数银行还同时降低了储蓄存款利率 0.115%。这是自香港 1983 年实行港币联系汇率以来,香港与美国利率走势首次出现背离状态。

---

* 本文与黄少明合作。

一些金融市场人士认为这只是一个短暂的市场波动,香港金管局的负责人也强调只是暂时现象,实际上如果从整个中国经济影响力提高的角度考察,这一背离对于现有的港币联系汇率制度带来的含义是多重的,对联汇机制运作的影响也是深远的。

进入2005年,香港股市的大幅起落,同样引人关注。在这个市场的起伏过程中,基于人民币升值预期的海外资本流动,成为导致市场波动的主要原因。因此,人民币因素同样开始成为香港股市波动的关键性因素之一。

一、套息功能失灵——港币利率形成增加新变数

在2003年9月大量国际热钱涌入香港、投机人民币升值的活动中,从市场走向就可以发现在这一特定的市场环境下,港币利率的形成和变动将不再只以美元利率为马首是瞻,人民币因素开始影响并参与决定港币市场利率的形成及变化。但当时美元利率处于相对稳定的低息环境阶段,还未出现利率周期变动的拐点,香港与美国市场利差虽开始出现且逐步扩大,但基本保持同向变动状态,差异不突出,总体仍较平稳,虽然之前在美元减息周期后期,香港银行存贷款利率也曾不再跟随美元利率变动,但始终未出现利率走势背离现象,而是基本保持一致的趋势;在当时的市场环境下,人民币因素影响港币利率形成和变动的机制尚未显现。

但2004年6月30日美元进入加息周期后,香港与美国利率差异逐渐明显。香港与美国利率变动先是同向不同步,差距逐步扩大。在2004年前三次美国加息中,美元利率上调0.75厘,而香港储蓄存款只是从象征性的0.001厘分两步调升至0.125厘;贷款方面,香港银行也只在第三次加息的9月份跟随过一次,将最优惠利率由5厘调升至5.125厘。然后,在2004年11月美元第4次加息中,香港与美国利率开始出现明显的背离,在美元再次加息0.25厘共1厘情况下,

香港储蓄存款不仅未上调,反而减回至0.01厘的低位,贷款方面亦将最优惠利率调低0.125厘,还原至上次加息前的5厘水平。

发生港币与美国利率背道而驰的直接原因之一,是当时美元再次转弱,大量资金流入香港期待人民币升值,使香港的银行体系资金在短时间内大幅上升,香港银行体系的资金结余一度高达160亿元左右,以致银行隔夜拆息只有可怜的0.02%,几近为零,远低于储蓄存款利率0.125%。在此背景下,香港的银行决定调低储蓄存款利率。在存款利率调低下,贷款利率亦有下调的空间和必要,为平衡市场利益,香港银行同时也降低了最优惠利率。

表面上看,港币与美国利率背离现象的产生主要是国际资金流动的结果。但实际上,它反映出在中国内地与香港地区经济金融日趋融合条件下,联系汇率机制已出现了机制上的变化。在货币局制度下,利率套戥机制会发挥调节资金流动、稳定联系汇率的功能。然而,当时香港与美国息差已扩大至2厘左右的空前高水平,却还未触发市场利率套戥活动,即没有出现抛售港币买美元令香港银行体系的总结余下降、促使港币拆息回升的市场走势。相反,海外市场的资金仍然继续流入港币,使香港的银行体系总结余不断上升。

深入分析可以看出,当时香港的联系汇率制度套息功能之所以失灵,是因为预期人民币升值或预期美元下跌的幅度大于美元套息的所得,或者说,抛港币买美元的套息所得不能弥补美元下跌的外汇风险。从这一点可以深刻看出,在中国内地与香港地区经济日趋融合的新形势下,人民币因素开始影响并参与决定港币市场利率形成和变化的运作机制。

进一步看,当前港币、美元和人民币的互动机制可以概括为:由于人民币汇率预期的因素,联汇套息功能在特定市场条件下出现失灵,港币利率的形成和变动此时不再只由美元利率决定,同时受由人民币因素支配的资金流动的影响。在市场存在人民币升值预期情况

下,资金大量流入,银行体系结余增加,港币利率变动与美元利率背离,不仅不加息,反要减息以稳定香港的货币市场的运作。

二、港币利率与美元利率背离的状况在未来不会是暂时的市场现象

目前,不少国际金融机构认为香港与美国利率背离只是短暂现象,港币与美国息差也只是反映机会成本,香港金管局也基本持这一看法。通常的看法认为,热钱退却后,联系汇率的运作会复原如常。但从发展趋势看,随着人民币影响力的扩大,在香港市场上,就不难发现香港与美国利率不一致甚至背离,将会是港币日后反复发生的现象。从2003年9月至2004年2月为止的热钱涌入结束仅半年,资金涌入香港现象再次发生的事实反映了这点。因此,只要人民币在未来出现升值或者贬值压力,都会以不同形式反映到与中国经济增长紧密相关的香港金融市场上。在人民币仍未实现完全自由兑换条件下,港币自然成为人民币资产的重要替代货币(proxy)之一,成为国际投机资本集聚的对象之一并引发港币套息机制失灵,港币利息与美元利率出现背离的现象将会不断发生。此外,中国内地与香港特别行政区经济的进一步融合令香港的经济周期更贴近内地,也是驱动国际资本投机港币走势、使得港币利率与人民币利率渐趋接近的诱因之一。

香港与美国息差背离,联系汇率运作机制出现变异,必然会对香港经济和金融带来影响。目前香港利率保持低企虽可减少借贷利息,但同时也孕育着隐忧。在全球进入加息周期条件下,香港低息环境的产生并不是正常现象,而是热钱流入扭曲资金市场的结果。在货币局制度下,港币终究要跟随美国利率走势变动。一旦热钱流出香港,香港就不仅要跟随美国的加息周期正常加息,而且从趋势上还可能补回目前因热钱冲击而导致的香港与美国息差,香港利率将经历一番急升,如此,必然对香港经济金融市场产生严重的冲击。而且

在国际热钱炒人民币升值的投机活动不时发生的情况下,利率大幅波动对经济和金融市场的冲击将会是经常发生的事情。

2004年12月,通过对香港主要银行的调研发现,在当时香港利率低企的压力下,香港银行业的信贷扩张十分迅猛,银行之间的竞争也十分激烈,如果银行利率在未来迅速上升,对于这一阶段迅速扩张的信贷的质量将是一个很大的考验。这一阶段的信贷大幅扩张很有可能是香港的银行业缺乏在这一新的市场环境下的业务经营经验所致。

三、"替代货币"效应——港币估值渗入人民币的新因素

近期香港金融市场上国际资本大规模流入的活动,基本都是在预期人民币升值背景下发生的。大量热钱涌入,不仅使香港银行体系结余骤升,香港银行被迫放弃跟随美元加息,而且港币本身也承受升值压力,港币汇率跟随人民币不交收远期合约(NDF)折让的上升而上升。当时一年期人民币不交收远期合约折让上升至约4 000点子,港币汇率也随之升至7.7694水平(参见图一:人民币一年期不交收远期合约(NDF)走势)。港币汇率在一定程度上已经成为人民币汇率预期走势的一种反映。

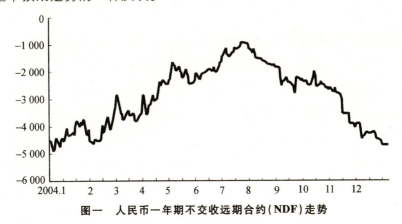

图一 人民币一年期不交收远期合约(NDF)走势

资料来源:Reuters。

实际上,港币无论在形式还是实质上都已经充当了人民币资产的替代货币角色之一。由于人民币依然有较为严格的外汇管制,国际投机者虽然预期人民币升值,但在购买并持有人民币的过程中要受到许多限制。香港与内地经济关系密切,港币资产的盈利能力大小很大程度上反映着内地市场的走势和因素,如在香港上市的近280家国内背景的公司,它们在香港虽以港币挂牌买卖,但其业务经营及收入来源完全或主要在中国内地,其资产以人民币为主,但可以在香港以港币买卖和持有;即使是香港背景的公司亦有许多拥有内地投资项目或内地的业务,其收入不同程度地来自内地的经营。上述不同形式的人民币资产业务、项目或财产,都会随着其本身资产的增长和人民币汇价的上升而增加,从而也就使得以港币资产为表现形式的这些公司的资产、业务或财产得以升值。通过货币替代,人民币资产的增长及升值也就最终反映在港币资产的增长和升值上。正是由于港币作为人民币资产的替代货币,所以在人民币升值的预期下,大量热钱涌入港币资产,主要以相关人民币资产为目标,特别是投入到在内地有业务、有收入的股份及其他相关资产上。

因此,港币估值受人民币因素影响的机制可以表述为:香港有许多以人民币为主要资产或部分资产的公司,涉及人民币资产的项目、业务以及与人民币有关的其他任何形式的财产,通过港币作为替代货币的角色,人民币资产本身的增长和升值促使以港币为表现形式的上述有关公司资产、项目、业务及其他财产得以增长。人民币价值的变动在一定程度上已开始影响港币价值的形成和变化。

从香港市场看,随着香港金融体系中人民币业务的开展以及其业务规模的不断扩大,人民币因素对于港币估值及其利率走向的影响会更为明显。

四、港币的估值基础应逐步包括人民币因素

香港与美国息差走势背离和港币价值受人民币因素影响的事实,反映内地经济对香港经济的影响,已经深入到香港的货币制度领域。

港币联系汇率制度已实行二十多年,在稳定和促进香港经济发展中发挥了重要作用。可以说,在此之前,联系汇率一直被视为是最适合香港发展的货币制度安排。但是,在目前国际经济格局已发生巨大变化,香港经济的依靠对象已经从美国转至中国情况下,港币与美元的联系汇率开始显现出一些不适应性。

目前看来,在改变和取代联系汇率制度的其他方法不可行的情况下,现阶段继续保持港币联系汇率制度是可行的。短期内,人民币仍不能实现自由兑换,在人民币成为国际强势货币及其他有关条件未成熟之前,港币无法与人民币挂钩。

从中期角度看,随着人民币影响的日益扩大、特别是对港币利率和估值影响的扩大,同样应当积极研究如何改善港币固定汇率制度的措施,以应对港币面对的人民币因素问题。既然人民币汇率走势,甚至只是预期,就已经深刻影响港币的价值及利率变动,那么在港币估值的基础安排中,就应该包括人民币的价值部分,以反映人民币因素的存在和影响。在港币最终融入人民币的漫长过程中,存在许多不确定性,有可能现有制度在完成与人民币并轨之前就会遇到各种机制性的变化。因此,需要及早着手考虑将人民币纳入港币固定汇率的估值基础中。这样有利于港币保证其估值基础的灵活性,适应日后港币估值基础的变动。

同样值得注意的是,随着中国经济的崛起和国际影响的扩大,货币政策的溢出效应日益显现,特别是对于联系日趋紧密的香港更为如此,加强内地与香港以及中国与相关国家之间的货币政策协调开

始变得重要,这是中国的货币政策实施中必须关注的一个日益重要的课题。特别是考虑到香港经济与内地的紧密联系,港币已经成为人民币依然保持管制条件下承担货币升值或者贬值压力的替代货币,进而直接影响到国际资本的流动方向与香港银行体系的资金供求状况,内地与香港的货币政策协调变得更为重要。

卖出一个好的"银行上市故事"

国有银行在重组上市过程中接连出现一些案件,引起了金融界的关注和忧虑。经过较长时期的准备与酝酿,以中国银行和中国建设银行为代表的国有银行已经在进入上市进程的收尾阶段,中国工商银行也即将紧随其后,其成败引人注目。

在资本市场上,业务模式和经营状况被视为"讲一个故事",上市则被视为"卖掉一个故事",上市是否成功、进展是否顺利,实际上很大程度上取决于这个关于中国国有银行上市的故事讲的是否足够精彩、足够动人,同时又足够严密。

说是讲故事,实际上还带有调侃的色彩,因为听故事的人,不是学童,不是没有投资知识的市场新手,而是拥有深入分析能力和大量资本话语权的机构投资者,是具有严密分析能力的专业分析机构和市场财经机构。

成熟的资本市场所具有的严密的信息披露监管制度,不可能允许一家上市公司以讲故事的形式来披露信息;即使机构投资者将这

个过程称为讲故事,上市公司的故事也必须严密、经得起推敲、经得起事实的检验、经得起市场的检验。何况这一次,准备上市的公司是在中国金融体系中举足轻重的国有银行。

参加过中银香港海外上市艰苦进程的人士应当对此深有体会,特别是参与过路演的人士,无论他原来的行政级别多么高、自己认为自己的市场威望是多么高,机构投资者看的是你的故事,故事当然要精彩,但是也要严密,因为有严密的数据分析,有承诺,有违规披露的惩处规范。许多高管在路演期间,要让内部的专业人员和中介机构准备大量的模拟问题进行准备,念念有词地进行记忆背诵,使得整个路演过程成为高管人员的银行专业知识的强化培训过程,也成为高管了解未来的投资者的市场偏好和关注点的过程。

许多国内的民营企业,在国内经营的时候还红红火火,往往一到香港上市,经不起透明度的提高,最好偃旗息鼓,因为没有上市的时候,这些民营企业的负责人往往习惯于不透明的操作、不规范的操作,对于即将到来的上市之后的约束重视不够,以为只需要讲讲故事就圈钱,忘记了这个故事必须要经得起推敲。

因此,对于近期的案件频发及其可能产生的负面影响,当然不容忽视,但是对于未来的投资者来说,可能更为关注的是,这是否仅仅是偶然的、个别的事件?是否反映了潜在的制度缺陷?如果有制度缺陷,采取了哪些有效的举措?这些举措的效果如何?这些相应的措施,是把一些坏故事逐步改变为好故事的必需步骤。

对于国有银行来说,上市过程中关注的必然是:目前的业绩改善是否主要依靠政府的注资?这是否显示没有足够的经营能力和竞争能力?公司治理是否足够清晰?信息披露是否透明?是否会重演一些内地企业的问题?

因此,是不是国有银行完成了上市程序之后,就能够算作上市成功?就能够算作国有银行内部改革操作者的政绩呢?如果是这样,

那么国有银行的上市成功应当是指日可待的。但是,从证券市场运作的规则看,显然不能这样看待。

对于国有银行来说,上市是否成功,绝不能仅仅看能否上市,因为从国际市场的运作看,如果一家千疮百孔的"垃圾银行",要不惜血本推进上市程序,也是完全可以完成的。衡量其上市成功的关键,重点应当是看其估值水平以及上市这个改制过程所带来的金融市场上的现实的竞争力,看市场对于其上市故事的认同程度。

以中国银行为例,中国银行作为中国的四大国有银行之一,其目前在国内外金融市场的品牌与声望、在特定业务领域的经营优势等,是在政府的积极支持下,由中国银行不同年代的千千万万员工共同努力形成的,这些因素理应在上市时得到与其市场地位相符的、更高的估值。如果因为连续不断的各种案件打击了投资者的信心,使得国有银行上市时市场估值偏低的话,实际上就是投资者对其经营风险进行估值后的打折,也是对中国银行历史品牌的打折。

从这个意义上说,对中银香港的海外上市进程也应当有一个客观的评估。以中银香港在香港银行界的主导性市场地位,以及长期在香港经营所形成的巨大市场影响力,中银香港本来应当获得与市场影响相当的汇丰、渣打等银行的估值水平。但是,因为在中银香港上市期间所出现的中国银行纽约分行事件以及一系列高层事件等的影响,打击了投资者的信心,中银香港的估值水平实际上只能跟香港的东亚银行等这样一些二线、三线的、市场份额相对很小的中小银行的估值水平在一个层次,表明投资者在对中银香港定价时已经打了折扣。与中银香港形成对照的是,恒生和汇丰等一直估值相对较高,并且稳步上扬,这实际上是投资者对一家优秀的银行付出的溢价。例如,恒生银行的市盈率就从2003年的16倍上升到2004年的20倍,反映了投资者的认同。

因此,尽管我们不能高估中国银行黑龙江分行的诈骗案件对中

国银行上市的负面作用,但是其可能对投资者信心的打击和可能出现的估值的折扣,则是一个必须要采取有效措施来应对的现实问题。

反观中国的银行市场,实际上有许多因素在支持银行上市时获得一个好的估值,例如巨大的经济增长前景、庞大的金融服务需求、相当较大的利差水平、非利息收入的巨大提高空间、税赋成本的下降空间等。目前中国银行业的税赋明显高于国际水平。如果参照香港的水平模拟调整银行业的所得税和营业税,中国的银行业的盈利水平还存在上升空间。因此,出于对国有银行利益的保护以及对公众利益的保护,对于国有银行的上市进程也应当建立科学合理的完善考核与评价机制,仅仅完成上市程序并不能视为上市的成功,充其量只能算作改革的一个程序性操作而已,要充分强调合理的估值水平与市场竞争能力的实质性提高。特别是在银行内部的上市操作者依然还是行政任命的条件下,可能会出现其他领域的"自我改革"模式中可能出现的一系列道德风险,因此更要强化外部监控和信息披露。

尽管机构投资者把上市过程视为"卖掉一个好故事",但是对于国有银行的上市来说,关键的还是故事的质量与严密。

不要误读国债期货被"暂停"

随着金融市场的市场化程度不断提高,对于发展金融期货的呼声日趋强烈。从许多发展中国家和地区的经验看,因为这些发展中国家在商品期货方面的风险管理需求往往通过发达的国际商品期货市场就可以得到满足,但是这些国家当地金融市场的风险却在管制下无从进入国际市场,因而不少发展中国家往往是从金融期货着手发展期货市场。

在中航油的切肤之痛之后,中国期货界痛切地感受到通过发展本土商品期货市场为中国争夺全球定价权和参与制定游戏规则的重要性。但是,同样不容忽视的是,指数期货、国债期货等金融期货产品的发展同样十分迫切,特别是在美国等国际市场开始着手推出面向中国的金融期货时,中国发展本土的金融期货市场同样不容拖延,否则丧失在金融期货领域的规则制定权和定价权的可能性同样会存在,而恰恰在金融期货领域,本土市场在金融市场没有完全开放的条件下是大有可为的。

但是,一提及国债期货,人们就容易当年国债期货引发的风波,"一朝被蛇咬,十年怕井绳",以至于提起国债期货,就有些杯弓蛇影。

实际上,"恐惧往往来源于无知",在这种下意识的对于国债期货的恐惧的背后,往往是对当年国债期货暂停事件的误读,因为国债期货在中国属于高风险产品,容易出现风险,还是谨慎为好,等等。

实际上,国债期货是利率期货的一种,尽管目前被暂停,但是依然是我国目前为止发展规模最大的金融衍生品。1992年12月18日,上海证券交易所开办国债期货交易,标志着我国第一家利率期货市场的成立,但当时仅限于证券商自营买卖,没有对客户开放。1993年10月25日,上交所国债期货交易正式向社会公众开放,同期北京商品交易所也向社会推出国债期货交易。自1994年9月份开始,随着开展国债期货交易的交易所数量不断增加,国债期货越发火爆,到1994年底,全国国债期货总成交量达28 000亿元,是1993年的10倍,但问题也随之产生,发生了一连串的违规事件,如上海万国证券的327风波、上海海都期货经纪公司的对敲等一系列违规事件。1995年5月17日,中国证监会下文暂停全国国债期货交易。

为什么会出现这种频繁的国债期货违规事件并最终导致暂停呢?深入的分析可以看出,原因并不在国债期货这种金融产品本身,而在于当时特定的金融市场发展状况和监管能力。

首先,是利率市场化问题。与当前相对灵活性较大的利率决定机制相比,在当时的市场环境下,基本实行的是严格管制的固定利率机制,银行的存贷款利率由国家进行管制,并没有反映资金市场的需求和供给状况。利率水平和利率结构均由人民银行制定,报国务院批准后执行。从1980年代后期开始,对银行贷款利率规定上下浮动幅度,给予各专业银行和商业银行在利率确定上一定的自主权。应该说,在我国首次进行国债期货交易试点时,利率市场化进程才处于开始启动,处于主流的固定利率机制并没有松动,利率机制极其僵化。由于通胀形势的变化,自1988年9月10日开始实行保值贴补率政策,将3年期以上银行储蓄存款利率与物价挂钩,随预期通胀率而浮动,使金融资产的价格和商品价格开始有所联动。这一政策于1991年取消,1993年7月11日恢复,又于1996年4月1日终止。在当时的情况下,决定国债价格变动的因素不是呈反向变动关系的市场利率,而是呈正向变动关系的保值贴补率,国债现券不是利率固定、收益有风险的,而是利率浮动、收益无风险的。此时多空双方争夺的,不是利率的走向,而是有浓厚管制色彩的保值贴补率的高低。这种利率决定状况,何从推行期货交易呢?

其次,市场环境在当时还不能适应国债期货的发展。首先是在当时比较普遍地缺乏对金融衍生品市场的认识,监管机构对金融衍生品市场功能的认识也存在重大偏差。我国推出国债期货市场的初衷就是以促进国债发行和流通为目的的,其真正的风险管理和价格发现功能未受到重视。法律法规也一直不完善,在国债期货领域的权威法律法规一直缺位,维持市场运行的只有各交易所带有临时应急色彩的规章制度。直到1995年"327国债事件"发生后,1995年2月23日中国证监会和财政部匆忙联合发布了《国债期货交易管理暂行办法》,2月25日中国证监会又向各国债期货交易场所发出了《关于加强国债期货风险控制的紧急通知》,要求各交易所实施各项风险控制的规定。

特别值得指出的是,国债期货市场的发展需要比较发达的现货市场的支持。但是在当时的条件下,这一市场基础条件并不具备。从20世纪80年代恢复国债发行后的相当长的时期内,国债市场一直在计划模式下运行,到1994年底我国国债余额2 286.4亿元,可流通的只有1 035.57亿元,实际流通的只有450亿元左右;国债现货市场还呈现出品种少、券种结构单一的特点。我国自1981年恢复国债发行到1995年期间,所发行的国债基本上以3年和5年期的中期结构

为主,最长期限为 3 年期,而且中间可以随时兑现。过于集中的中、短期债券品种使本来就波动不大的利率水平缺乏足够的市场空间,如此薄弱的现券基础难以应付日成交量超千亿的巨额期货的到期交割,给操纵市场者可乘之机。多头利用现券短缺的优势大举逼空,在期货市场做多的同时,在现货市场大量买入,拉升价格,使空方无法购入足够的现券进行交割,致使空方只能违规反击,酿成一起起风波。

但是交易所管理体制的滞后以及监管效率较低也是不容忽视的原因。由于当时有关部门对国债期货在哪一个交易所推出并没有统一规定,自 1994 年 11 月份国债期货行情火爆以来,各交易所为了自己的利益展纷纷推出国债期货,一时间,我国开办国债期货的交易所迅速达到 14 家。由于国债期货交易场所遍布全国各地,直接导致了流通市场分割,缺乏全国统一的托管结算系统。各地交易所在托管、结算上相互独立,投资者在不同的市场交易,必须开设不同的账户。分散的市场无法形成统一的合理的现券价格,也将本来已经非常狭小的市场规模进一步分割,增大了市场被操纵的风险。

从上述几个方面对照当前的中国金融市场,无论是利率市场化的迅速推进,还是监管框架和监管法规的日益完善,都为国债期货市场的推出创造了良好条件。中国金融市场在金融创新领域的一个似乎不成文的规矩是,只要一次创新尝试出现问题,往往导致同一领域的创新被一刀切地暂停许多年。但是,正如金融界所深刻认识到的,控制期货市场的发展似乎是为了抑制投机,但是在市场条件已经具备而依然不发展期货市场,实际上本身就是更大的投机,因为市场在波动,风险始终存在,发展期货市场提供了风险管理的工具,而不发展期货市场,所有的市场主体(包括政府)都只能被动承担市场涨跌带来的所有风险。仅仅举一个简单的例证,目前商业银行已经持有巨额的债券,利率的上调必然会对债券市场带来直接的冲击,在没有期货等风险管理工具时,商业银行的唯一选择是坐等亏损的出现,这

种状况也制约了中央银行利率政策的回旋余地。

因此,现在让我们冷静地重新解读一度暂停的国债期货市场,我们得出的结论恰恰是:"暂停"国债期货可以告一段落了。

解决股权分置有没有最优方案

从目前的市场状况看,解决股权分置问题的迫切性已经成为广泛的共识。目前的问题开始主要转为:究竟有没有一种最优的解决股权分置的方案与办法?

因为此前证券界主要的关注点,基本上放在是否应当解决股权分置、股权分置的负面影响究竟有多大等原则性的问题上,对于具体的方案实际上讨论有限。但是,即使在大的原则方面达成了共识,人们的担忧是,如果没有一个好的解决方案,未必会取得预期的效果。

目前的一些解决方案中,有不少是试图以计划的、统一的框架强行推行到1 300多家上市公司中,实际上此前公开征集的数千种方案,基本上是在这种计划的框架下寻求解决办法,其致命缺陷在于忽视不同上市公司之间的巨大差异,在利益主体多元化的今天,完全计划化的方法基本不可行。

解决方案的设计必须要有理论的合理性和逻辑的严密性。一些目前有不少中小投资者认同的所谓历史追溯方案,可能能够赢得中

小投资者的一厢情愿的掌声,但是并不利于问题的最终有效解决,因为这缺乏公司融资理论上的支持:股票在公开上市时较之创业初期等之所以有一个溢价,是因为创业者承担了创业的风险,早进入的创业者把企业发展壮大为可以上市的企业,后进入的投资者需要为此支付更高的价格。

目前强调的分类表决、分散决策的方案,是认同程度最高的方案,但是其最大的问题在于操作性,例如,中小投资者和流通股股东如何以便捷的方式参与投票?如何界定合理的"投票有效"的标准,应当占流通股股东多大的比率,依据是什么?在方案表决过程中,如何防范由此可能导致的市场波动?如何防范其中可能出现的非流通股股东与大的流通股股东勾结?如何防范解决过程拖延时间过长?这些都是操作性的,但是却直接影响到股权分置改革成败的重要问题。

认沽权证方案颇有新意,但是在理论前提上,这种操作思路假定推进改革时的股价对于流通股股东是基本合理的,当时价位的流通股利益是基本保障的,但是实际上流通股股东的期望可能更高,另外这种方案同样也可能存在投机的可能,例如一些庄股可以炒高流通股价格来向公司获得更多的补偿。

在上述种种争论中,究竟有没有最优的方案?

我认为,还是存在最优方案的;现在的所谓最优方案,如果承认 A 股流通股含权这一基础、承认市场化的基本原则,那么,最早推出的方案,就可以说是现有的约束条件下的最优方案。原因非常简单,非流通股股东与流通股股东之间的利益冲突与分割,使得这个问题解决的时间拖延的越长,对于流通股股东越不利,整个市场付出的代价也越高。

实际上,在股权分置问题的拖累下,A 股从市净率 4 倍以上到今天降到 2 倍左右,可能继续拖延下去可能就会变为 1 倍了,此时可能

就被视为是所谓自然接轨了，无需专门解决什么股权分置问题了，但是整个市场会为此付出相当惨痛的代价。

如果真的是坚持流通股与非流通股同股同权的话，那么，实际上现在的市场还没有跌到"自然接轨之底"，目前还是在一系列政策维持下寻求"政策之底"的过程，政策的摇摆直接决定了市场的涨跌。"自然接轨之底"在什么地方？如果不考虑套利因素使得股市在下跌过程中会引入增量资金的进入，实际上所谓"自然接轨之底"就是在流通股与非流通股自然接轨的价位，在流通股价格下跌到具有所谓投资价值为止，香港市场上的 H 股可以说就是标尺之一。

如果拖延解决股权分置问题，实际上并不会达到流通股与非流通股自然接轨的水平，因为在此下跌过程中实际上还存在一个"证券行业生存之政策底"，其考虑的是当前的市场低迷是否会导致大面积的证券公司退出和经营失败。在当前的盈利模式下，中国的证券公司不如叫做是证券投资公司，主要的盈亏基本上都是来自二级市场投资，不管是自营还是委托理财。如果将证券公司的不同类型的二级市场投资的头寸乘以市场下跌幅度，再与其净资产进行比较，就可以清晰地看到证券公司的剩余的风险承担能力几乎枯竭。在 2003 年和 2004 年的市场指数水平上，已经使证券行业出现全行业亏损，如果继续下跌到 130 家证券公司中有 100 家经营失败，可能不是容易被各方接受的水平，也可能会引发较大范围的金融风险，那这个水平实际上就是一个"证券行业生存的政策底"。

我们可以反问的是，如果在当前的水平去除 A 股含权的心理预期，无论这种权利的大小、实现形式如何，那么，目前的所谓"政策之底"能够维持吗？显然是不可能的。近年来导致市场波动的因素很多，但是十分关键性的因素，就是因为针对股权分置的政策，有意无意地在流通股究竟是含权还是不含权之间模糊和摇摆。

经常有人说中国股市这个下跌的过程，就是挤泡沫的过程。我

不主张在没有考虑制度因素之前就贸然断定中国股市是否有泡沫。但是,目前市场的持续下跌,实际上就是要由流通股股东来承担 1996 年以来 A 股含权预期下市场上扬形成的成本,以及大量上市公司的大股东、证券公司掏空上市公司和证券公司形成的资金缺口。即使市场跌到目前的水平,可以发现,期望排队上市的企业还是有很多,由此可见,市场的天平何等明显地偏向筹资者、偏向非流通股股东。股权分置强化了这种利益的分立与冲突。

不管承认不承认,当前各方之所以积极推进股权分置问题的解决,就是预期到一个理性的解决方案有利于市场活力的恢复,近期市场活力的一定恢复,也是源于这种相对乐观的预期。或者从反面讲,如果不是含权的股权分置解决预期的维持,目前的流通股股价肯定还会有一个大幅向下的区间,尽管这种含权预期还比较含糊,含权多少、如何含权还摇摆不定,但是只要含权这个理念确定,就有利于稳定市场。

从实际的中国股市波动轨迹看,A 股即流通股的估值定位问题,在很大程度上取决于它与非流通股的相互关系。A 股从市净率 4 倍以上到今天降到 2 倍多,与此形成对照的是,非流通股基本上一直按净值转让甚至或有上升。市场下跌的过程,实际上反映了流通 A 股含权量的急剧下降。在具体的决策中,A 股不同的含权可以对应不同的市场合理定位,因此,在探讨不同公司的股权分置解决方案中,市场震动可能会明显加剧,这不是一个资产价格中心重新确定的过程,但是至少是股权分置带来的政策不确定性逐步消除的过程。

如果说 2005 年是中国股市的转折之年的话,那么,其中标志性的转折点,就应当是股权分置问题的着手解决。即使在股权分置问题解决之后,中国股市依然会存在大股东与中小股东之间的矛盾和冲突、上市公司业绩不高的矛盾,监管效率的矛盾,等等。股权分置问题的解决,实际上只是解决了流通股与非流通股之间的利益冲突,这

个冲突的解决缓解了流通股股东的弱势地位,但是中小投资者的弱势地位依然是一个客观的现实。股权分置解决之后,还可能带来一些新的问题,例如,全流通的市场上,控制权的争夺会更为激烈,大股东可能会用更少的资金享有更大的支配力等。但是,这些问题带来的负面影响要小于股权分置这个根本性的制度缺陷。

破解股市不确定性的连环套

解决股市的不确定性就像一个连环套一样,只有解决了股权分置的问题,后面的问题才有解决的基础。

2005年度监管主线——消除股市政策的不确定性

客观地说,2005年中国股改的监管主线将是——消除股市政策的不确定性。

回顾过去的一年,我们可以这样认为,以国九条的实施为代表,2004年中国股市进入了一个体制转换时期。如果说2004年之前,决策层主要是强调新询价转轨、强调对一些短期的缺陷进行调整和局部性修补的话,那么2004年就是一个重大的转折点,开始强调体制转型。

对于投资者来说,国九条推出之后,直接带来的就是体制转型,而体制的转型就会带来不确定性,可以这样说,在过去的一年里,整个市场在一种不确定的氛围下运转了一年。

但是市场讨厌不确定性。这会导致投资者很难把握投资风险，新的资金不进来，他们看不准方向。所以2005年证监会监管主线就是消除股市政策的不确定性。

从目前形势来看，2005年中国股改的重点将有以下几个方面：其一，股权分置的问题；其二，高风险证券公司的处置问题；其三，以创业板为代表的多层次市场发展问题；其四，投资者利益保护和违规惩处的法律法规环境问题。

这是股改的主要思路，第二个重要思路则是，逐渐恢复资本市场作为风险投资市场的本色。

一、第一个不确定性：解决股权分置的问题

如果说我们对2005年股市改革的重点进行排序，那么最核心的一个就是解决股权分置问题。

从我们了解的情况来看，围绕国九条成立的6个工作小组，5个工作小组基本上已经完成了工作，目前股权分置这个小组也基本上接近尾声。股权分置解决方案的最终选择可能需要国务院有关方面最终的确定，不过据了解目前已经没有大的障碍，预计在2005年两会之后就会公布。

总的来看，目前股权分置取得最重大的进展是形成了共识，即基于分类表决制度下的流通股东应当分享非流通股转流通中带来的溢价。

这个方案的好处在哪里呢？我认为，这个方案的价值在于，在中国股市上首次明确A股是含权的，在这之前是没有明确的。这个方案一推出来，基于类别表决制度基础上的A股含权概念在正式政策文件里面被第一次确认，这对市场是有支持的，这个方案的一大作用是把投资者对A股含权的预期稳定下来了，把这个不确定性消除了。

所以，2005年中国股改最为重要的就是股权分置能够真正执行，一旦成功，那么事实上就明确了A股事实上是含权的，这将为解决股市的其他问题奠定基础。

但我们也有一个担忧,即好不容易形成了共识,如果整个方案没有经过深入的讨论而出现了问题,那么有人就会说,你看,早就跟你说了,股权分置不是最重要的问题。所以,这是一个很难得的共识,一定要把这件好事做好。

二、第二个不确定性:消除打折收购的负面影响

2004年10月份有关部门出台对部分个人债权实行打折收购的政策,这条消息被很多人忽略了,但是在我看来,对去年的股市冲击相当大。

为什么呢？我们首先要明白打折收购背后是什么,是有限赔偿,是风险市场,打折收购政策的出台使得投资者风险和收益这部天平上风险的权重加大了。所以,我们可以这样理解,有限赔偿加大了投资风险,恢复了股市作为一个风险投资市场的本色,但是在其他金融领域、特别是银行领域依然由政府提供隐含的无限担保的市场环境下,股市的风险程度相应提高,自然使得不少资金从股市退出。

后来监管部门采取了很多措施来弥补或者冲销打折收购的影响,但都没有成功。所以,2005年监管部门的第二个重要任务就是消除打折收购的负面影响。

与此紧密相连的就是,证券公司怎么清理,证券公司有没有一个评级制度,130家证券公司到底哪些是比较好的,哪些是比较坏的？散户的保证金存到银行,会不会被挪用？能不能通过关闭旧公司建立新公司,让投资者放心他们的保证金是独立存款的？

这些不确定性因素我们要逐步消除,目前正在做的是客户资金独立存管,证监会的要求是2005年内要基本实现客户交易结算资金的独立存管。

在证券资产的管理方面将引入类似于证券投资基金的管理制度,比如独立托管、信息披露等。同时,加快对一些坏的证券公司进

行处置。目前要完成的是对南方证券、闽发证券、汉唐证券和德隆系的处置。如果说2004年对证券公司的处置是个案式的、随机救火式的，那么2005年将对133家证券公司进行主动评级、分类管理。

三、第三个不确定性：良性扩容势在必行

第三个不确定性是扩容，即双向扩容。

解决股市的不确定性就像一个连环套一样，只有解决了股权分置的问题，后面的问题才有解决的制度基础，比如新股的询价和新股的发行体制改革。这是第二个逻辑，即流通股和非流通股的利益冲突解决了，我们再发行新股，证监会才有可能再来推行股票询价，推行市场化的定价和发行方式改革。

所以，从某种意义上来说，现在推行新股询价形成的巨大的冲击，实际上是把改革的逻辑次序搞错了，没有对一揽子的不确定性，即2004年因为制度变革和制度创新带来的外部冲击和预期调整带来的不确定性，没有进行优先排序，而是采取一揽子的随机的方式，即哪一步好做就先做哪一步。于是，一些对筹资圈钱有利的、利益主体很明确的政策，比如推动大企业上市，往往推进比较快。

去年上半年我曾有个批评，2004年的一些做法使得国九条变成了国一条，哪一条呢？沿袭了股市过分偏向筹资者的倾向。比如新股询价，给人的印象就是，哦，高价卖不出去了，再询询价，把价格压下来。

所以对2004年各项工作的风险权重没有进行一个有效的排序，2005年，监管部门要做的就是重新排定正确的顺序，先做股权分置，再做新股询价。只有这样，才能有一个好的扩容；才能吸引更多更好的上市公司；才能实行新股询价；才能探寻多种发行方式，包括资金申购、向合格投资者定向配售等，包括还可能推出存量发行试点；才能改变目前的市场结构下，投资者对优质大型企业的恐惧。

另外，扩容必须是双向的，在优质企业扩容的同时，资金也要扩容,比如保险资金、企业年金、基金、券商理财。双向扩容的决定性因素就是,解决股权分置之后,引入市场化定价,让市场给投资者提供有吸引力的回报。

四、第四个不确定性:改善股市生态环境

由于缺乏惩处机制、平衡机制,股市的生态环境受到了破坏,投资者受到了掠夺,应该重新构建证券市场的游戏规则。

首先需要明确的是基本大法《证券法》,1997年出台的《证券法》是在当时的特定市场环境下制订的,在目前的市场情况下,已是千疮百孔,所以亟须修订。

从现实角度来看,法律有不同层次,可以先从易着手的改起,比如一些部门法规,都有改进的余地。比如行政许可法,在证券系统有哪些是需要审批的,审批的权力来源在什么地方?这些问题如果通过行政许可法明确之后,审批的程序就能更透明一些。

具体而言,比如市场操作、内部行为怎么认定,内部问题如何诉讼,如何复议,如何公开,怎么打击上市公司的违规行为、证券公司侵占客户资产的行为?这些问题如果在《证券法》没有完成修订之前,证监会通过联合其他部门制定和完善相关的法规,通过加强行政处罚监管措施来解决,将改善股市生态,重新聚集人气。

总的来看,一定要给投资者一个稳定的预期,给他们一个稳定的回报,要有他们觉得放心的法律环境,这才是真正的利好。这些问题不解决,决策层再说多少利好都无济于事。

也谈国有银行的"上市偏执"

以中国银行和中国建设银行的股份制改革为代表,国有银行先后提出上市的目标之后,国有银行是否应当上市、上市是否会产生预期的效果等的争论似乎一直没有中断过。但是这些争论似乎并没有影响国有银行上市的热身准备,直到中国银行黑龙江河松街支行巨额诈骗案浮出水面。

尽管公众纷纷质疑:这样管理水平的银行,是否真的就一定要上市?银行方面的表态是,这个事件并不会影响其上市进程。

其实,无论在哪个金融市场,无论是银行还是工商企业,如果企业在上市进程中出现巨额的诈骗案件,至少会影响正在密切关注其投资价值的潜在投资者的信心,因此说没有影响是不现实的。

值得探讨的是,为什么国有银行改革过程中会出现这种"上市偏执"呢?深入的分析可以发现,监管层以及改革方案的设计者、银行上市的直接操作者,尽管表现出类似的"上市偏执",但是其后的驱动力可能存在较大的差异。

从监管层和改革方案的设计者来说,没有人不承认国有银行的上市不是最终目标,也没有人不了解东南亚不少上市银行在金融危机期间一夜之间灰飞烟灭。国有银行上市也绝不是如同外界所批评的那样主要为了"圈钱",实际上与国有银行资产重组中国家投入的巨额资源相比,有限的筹资规模几乎无足轻重;也有人建议国有银行内部管理效率如此低下,应当先强化内部管理等条件成熟再寻求上市,但随着2006年金融市场全面开放的到来,银行改革的回旋余地在缩小,工业企业一度尝试推行的先强化管理再寻求股份制改革上市的效果并不令人满意。

为什么监管层在国有银行出现重大诈骗案件时还在坚定推进上市进程?这种"上市偏执"需要从特定的制度环境下来考察。

首先,对于原来一直被作为事业单位管理的国有银行来说,上市可以锁定国有银行市场化改革的路径,上市不再是在原有体制上的小修小补,而是着眼于整个治理机制的重构,特别是在当前的政策环境下,往往只有通过上市,才能使国有银行真正获得市场化竞争所需要的经营自主权,避免长期所受的行政干扰。在股份制改革之前,中国的国有银行实际上并不具备严格意义上的独立的经营权力,这包括人力资源的条配权力、薪酬调整的权力、福利制度调整等权力。而中国在对国有企业的股份制改革和上市过程中,会以一揽子的形式把这些权力全部归还给企业。正是有了国有银行的股份制改革,中国银行和中国建设银行才有可能推行多年一直难以推进的职位竞聘、薪酬改革。

其次,上市会极大提高原来一直讳莫如深、在对公众披露信息方面习惯于遮遮掩掩的国有银行的透明度。金融市场监管的基本原理之一,就是相信阳光是最好的防腐剂。在证券监管中,上市公司之所以要强制性披露信息,是因为其牵涉公众的利益,商业银行实际上涉及的公众更为广泛,理论上应该比上市公司的披露更为严格。但因

为资产水平不高、经营质量低下和信息采集技术水平等的制约,银行的信息披露相当滞后。中国银行黑龙江分行的诈骗案件之所以在目前如此引人注目,一个重要的原因还是因为中国银行正在积极准备上市,公众对其信息披露的透明度要求更高的缘故。另外,上市之后,必须会引入监管机构、机构投资者、会计师事务所和律师事务所等中介机构的监督与约束。

另外,上市能够强制性地在国有银行僵化的经营机制中引入现代公司治理的基本制度框架,因此在一定意义上说,国有银行的上市本身会成为国有银行改革和强化管理的驱动力之一,因为上市的国有银行需要给股东提供回报,需要符合监管机构的监管要求,需要有市场化的绩效考核和风险控制,需要与其他上市银行进行市场化的对照与竞争,需要为获得持续的融资机会而保持相对较好的盈利能力。

与整个上市过程密切相关的,除了监管者和改革方案的设计者之外,重组上市过程中聘请的投资银行、会计师、律师、管理咨询顾问也是重要的参与者。国有银行的股份制改革和上市,无论最终效果如何,这些参与的中介机构往往是铁定的得益者,这从各家银行中介机构选聘过程中的激烈角逐就可以看出,这简直就是中介机构的"盛宴"。但是,即使再顾及市场声誉的中介机构,在参与国有银行的改制之后,对于其最终实际可能取得的效果,并不承担太大的、实际的责任。

最为积极的推进者之一,在银行内部可能就是各家银行上市改革的具体执行者了。因为国有银行的所有者缺位、产权虚置等缺陷,现在国有银行上市改革的具体操作者,实际上是银行的管理层,如何评价这些具体操作者的"上市偏执",就值得作一个更为深入的分析。

在现有的治理结构下,目前国有银行上市改革的执行者实际上还是行政任命的,因此在具体的驱动力方面,政绩依然是对其最有影

响力的追求目标。在国务院领导强调国有银行改革是"输不起的改革"的政策导向下,这些改革的操作者可能会预期,如果能够顺利完成国有银行的改革和上市,必然是一个相当大的政绩,是有利于行政提升的;如果在改革中遇到不良资产等难题,基于"输不起"的预期,这些操作者会期望政府给予各种形式的资源支持。因此,在这个博弈格局下,无论出现何种案件和问题,积极推进是这些操作者的必然偏好。

因此,目前国有银行上市进程的关键,开始变为:应当如何评价国有银行上市的效果?如何界定上市成功?

是不是国有银行完成了上市程序之后,就能够算作上市成功?就能够算作国有银行内部改革操作者的政绩呢?如果是这样,那么国有银行的上市成功应当是指日可待的。但是,从证券市场运作的规则看,显然不能这样看待。

对于国有银行来说,即使顺利完成了上市程序,也不能简单说就算作上市成功,因为从国际市场的运作看,如果一家千疮百孔的"垃圾银行",要不惜血本推进上市程序,也是完全可以完成的。衡量其上市成功的关键,重点应当是看其估值水平以及上市这个改制过程所带来的金融市场上的现实的竞争力。

巴塞尔新资本协议在亚洲的实施及其前景*

　　巴塞尔新资本协议自 2004 年 6 月底正式定稿并发布以来，包括亚洲国家在内的世界各国都已开始不同程度地将重点从原来的协议条款的修订转向具体的实施，而其中最核心的问题，就是如何把新资本协议与各个不同经济体金融市场的风险特质结合起来，从而在系统地执行新资本协议的基础上较为充分地覆盖本国银行体系所面临的风险，这也就是所谓新资本协议的本土化问题。

　　对于主要属于新兴市场的亚洲地区而言，新资本协议的本土化问题尤为突出。新资本协议的制定，本意是要平衡不同发展程度的金融市场的银行的实际，但是，从实际情况看，基本上还是主要反映了当今世界发达国家银行以及国际活跃大银行的风险管理实践，这也意味着新资本协议内在的假设前提往往是较为发达的信贷市场、

---

* 本文与牛播坤合作。

完善的法律和监管框架、健全的信用体系,而这些又恰恰是新兴金融市场的缺陷和不足。

因此,在新资本协议的实施过程中,不同国家和地区开始意识到,新兴金融市场如果不考虑自身市场的固有特征,简单全盘地接受新资本协议,可能会产生一定程度的不审慎效果。近期一些研究机构也已经开始注意到这一趋势。从惠誉(Fitch)评级公司 2005 年 1 月初关于《亚洲银行和新资本协议》的报告来看,大部分亚洲国家和地区监管当局都已意识到对新资本协议进行"本土化"的重要性,但限于监管资源的匮乏,真正能够付诸实践的国家和地区寥寥无几。

一、新资本协议"本土化"进程中的关键问题

新资本协议设定了一系列的风险权重和定义,因此,实施新资本协议的第一步,应当是确认和检验这些风险权重和风险假定是否适用于亚洲市场,其中较为明显的是信用卡贷款、住房抵押贷款、商业房地产贷款,上述信贷在新兴市场一般都随经济周期的起伏有比较高的波动性,同时亚洲各国市场的异质性较为明显。从实际情况看,通常来说,新资本协议 IRB(内部评级法)方法对信用卡的资本要求对于大多数亚洲国家相对偏低,一个现实的印证是,近年来亚洲一些地区的信用卡坏账损失是非常严重的,比如,香港的损失率一度达到 10%,韩国更是高达 20%,韩国的信用卡危机说明了在经济高速发展时期个人信贷的快速增长产生的损失和风险可能要几年后、特别是经历一个完整的周期考验之后,才会逐步反映出来;对居民住房抵押贷款资本要求的降低适合一小部分亚洲银行体系,但在一些国家和地区,如中国台湾、菲律宾和马来西亚,这种贷款的违约率有时也会非常高;新资本协议中基础 IRB 法对不动产抵押贷款 35% 的 LGD(违约损失率)对中国香港和新加坡来说太保守,因为他们的房地产市场的流动性和回收率都很高,而对韩国、中国台湾、日本、泰国和印尼则

偏低；标准法中对商业房地产抵押贷款优惠的4%的资本要求往往并不一定适用于亚洲银行,从日本和泰国在这方面的损失经验来看,在亚洲该项业务的风险很高,香港金管局就没有采用新资本协议中对某些商业房地产抵押贷款4%的资本要求,同时对于IRB方法,香港金管局也不认可高波动性商业房地产贷款。另外,新资本协议中一些以欧元计值的信贷规模对于亚洲市场显然偏高,也需要根据各个市场的实际情况进行调整,如中小企业贷款100万欧元的上限、信用卡贷款10万欧元的上限,新加坡监管当局都相应地调整为以新元计值。

惠誉(Fitch)评级公司还建议亚洲各国考虑是采用8%还是采用更高的资本水平要求。例如,因为预期到新资本协议实施时可能会提高资本要求,印尼中央银行就要求银行按照旧协议保持12%的资本充足率一直到2004年年底。上述问题都是各监管当局应进行审慎处理之处,否则,如果一味照搬新资本协议的规定,极有可能促使银行出于监管套利目的反而形成负向激励,加大银行体系的不稳定性。

其次,风险数据的收集和处理是亚洲各银行面临的最棘手的问题,也是长时间内制约其能否运用新资本协议中高级方法、从而提升风险管理水平的最关键因素之一。新资本协议的一大突破是其高级方法主要应用银行的内部估计值,如违约率(PD)、违约损失率(LGD)等,这些数据的获取依赖于银行对历史损失数据的收集和分析。目前看来,亚洲银行要采用高级方法面临的首要问题是数据的完整性和可靠性,安永会计师事务所刚刚公布的调查也显示,近60%的亚太地区银行认为建立内部评级模型的数据收集位居信用风险管理主要障碍的首位,有30%的银行还不知道如何进行信用风险数据的收集和管理。就违约率PD而言,一方面数据的积累期限普遍太短,达不到新资本协议样本年限的要求,另一方面,亚洲地区经济的高波动性要求样本的年限更要高于新资本协议的要求,以熨平经济周期的影响,特别是亚洲金融危机需要较长周期的数据来消除这种极端变化前后的巨大差异。

目前,在亚洲的银行体系中,看来只有日本、中国香港、新加坡能估计较为可靠的违约率PD,而能够估计违约损失率LGD的国家和地区更是凤毛麟角。违约损失率LGD估计的关键前提是一个有效和可以预见的法律框架,在这个框架下,允许债权人能够合理地预期在违约的情况下能够收回的款项,从而违约损失率LGD也是一个稳定的、可以估计的数值。在亚洲一些国家,有效地保护债权人利益的法律体系尚不存在,破产清算的法律制度和司法程序并不完善,这使得贷款的回收具有很大的不确定性,甚至在一些国家,如菲律宾、泰国和马来西亚,通过收回和处置抵押品来弥补损失需要很多年。如果再考虑到亚洲许多国家巨额的不良资产、不够明晰的产权边界,这更是一个致命的、影响新资本协议实施的问题。一些经济体在金融危机中草率地处理不良资产的措施,也破坏了数据的可靠性,比如韩国信用卡危机中重新确定账龄,在名义上降低了违约率;印度尼西亚在亚洲金融危机中简单核销了账务,都严重扭曲了历史数据的真实性。另外,内部信用评级体系也亟待建立。

另外,市场体系的缺陷和监管能力的不足,也限制了新资本协议的第二支柱和第三支柱作用的发挥。新资本协议在最低资本要求之外,特别加入了监督检查和市场纪律两大支柱,形成了对银行风险管理——监管层——市场由内到外的多层次的制约和激励机制。安永会计师事务所的调查表明,亚洲各国普遍对这两个支柱的重视不够,高于80%的亚太地区银行尚未开始实施支柱二和支柱三的要求,但同时许多机构又认为这两个支柱的明晰和具体实施,应当是监管机构的主要问题,实质上这主要受制于亚洲银行市场体系的不健全和监管资源的匮乏。如第三支柱——市场纪律或信息披露作用的发挥,有一系列关于市场结构、外部机构等前提条件的要求。如果银行

间的竞争是不充分的,而且股市和债市的流动性极差,影响银行和其他金融机构的市场纪律也是缺位的,将限制支柱三作用的有效发挥,评级机构和自律组织的缺乏会进一步弱化市场纪律的作用,许多依赖于信息公开和良好的市场运作并最终作用于公司治理的机制也就不能得到体现。而这些是很多亚洲国家金融市场的现状,也是市场纪律在亚洲市场很难有所作为的原因之一。

显然,新资本协议在本土化进程中所面临的一些冲突,实际上意味着新资本协议暗含的发达银行市场的前提需要作出调整,也意味着银行体系风险管理技术的提高,往往是银行自身努力、监管体系的完善以及法律体系、市场结构等诸多外部因素共同作用的结果。

二、不同发展程度的经济体如何面对新资本协议中的自由裁量权

新资本协议在某些条款上赋予了各监管当局以自由裁量权,但如何运用和把握这些自由裁量权,主要取决于监管当局的监管能力和对本地金融市场的了解。在新资本协议中,监管当局和银行业界更多的是一种协作关系,支柱二要求监管层与银行间不断对话和交流。

实践表明,在发展中国家和地区,缺乏有经验的监管者和从业经验丰富的银行人员是新资本协议实施的一个很大障碍。亚洲各监管当局是否拥有具备风险管理技术的监管人员推动新资本协议的有效实施,并在整个过程中充分利用其自由裁量权、加强与业界的双向交流及给予指导,目前看来,这已经成为并将继续成为新资本协议在各经济体实施进程差异的主要原因之一。

70%的亚太银行机构认为目前本经济体监管当局给予的指导都一般或很差,除了中国香港,许多亚洲国家/地区关于新资本协议实施的本国详细指导意见基本还是空白,只有不到30%的银行认为目前接受了较好的指导,尚有许多国家缺少清晰的执行时间表。

不同发展程度的经济体的监管能力和从业水平的差异反映到实际中就是亚洲地区新资本协议实施的差距正在逐步拉大,中国香港、新加坡、日本监管当局行动较为积极,其中香港金管局已在很多领域给予银行业一系列专业性的指导意见,2005年下半年还将就资产证券化出具指导意见。而且,随着金融市场化的发展及人才市场的全球化,新兴市场高级监管人才的短缺问题将日益突出,有经验的风险管理人才在新兴市场私人部门和公共部门薪酬的较大差异、监管的放松和市场化进程的加快,将使得新兴市场经济体的政府机构在金融市场吸引和留住高素质的专业风险管理人才变得越来越不具有优势。监管资源的不足很可能在推动银行风险管理的进步上形成恶性循环,使不同市场间银行的风险管理水平差距呈加速度拉大态势,这种端倪目前已经初步显现出来。

同时,亚洲金融监管中普遍存在的监管妥协,可能会造成一些监管机构出于维护本国银行体系利益的短期考虑,对新资本协议提供的灵活性出现一定程度的滥用。比如一些新兴经济体的监管机构可能会允许银行不审慎地对资产进行风险分类或者拖延执行时间,考虑到新资本协议下对信用损失资产分类体系的依赖性和精确数据的重要性,这种监管妥协会严重破坏资本充足率的完整性和准确性。从目前日本金融服务局对新资本协议在日本实施的一些细节调整可以看出这一点,比如对日本的银行债权采用方法一,也就是使用日本的主权评级,因而对日本银行债权的资本要求都是1.6%,对于一些信用风险较高的银行这样的风险权重明显偏低。同时,日本金融服务局要求银行在2014年之前对股权投资仍采用旧协议8%的资本(新资本协议对股权投资持更保守的态度),这很显然是为了避免有大量股权投资的银行资本充足率的陡然下降。这些调整固然考虑了日本金融市场的实际情况,但是由于日本银行并不乐观的风险水平,显然是一种监管妥协。发达国家和发展中国家近来金融危机的一个重要教训就是拖延和应付银行风险会付出高昂的成本,无论是忽略本国金融市场的风险特质,全盘接受新资本协议;还是刻意夸大这种特质,拖延问题的暴露和解决,都不是明智之举。

三、客观评估新资本协议实施对亚洲银行市场的影响

从新资本协议对亚洲金融市场的微观层面影响来看,就资本充足率而言,大多数国家和地区表示总体上不会有太大影响。一般的估计是,在信用风险资本要求上的下降又被操作风险资本的要求所抵消,但对于上市银行,资本充足率的微小变化可能放大为对分红的要求,进而对股票走势产生一定的影响。以香港银行为例,由于其一直较为稳健的经营和香港金管局确定的10%—12%的资本充足率要求,对于一些持有较高资本充足率的商业银行,实施新资本协议将使其在长期内减少资本的数量,多余的资本很可能会返还给股东。如果运用新资本协议的标准法,香港银行的资本充足率平均下降0.75个百分点,从17.1%下降到16.4%,这个水平的下降可以说是微不足道的,而其积极影响在于新资本协议创造了商业银行、机构投资者及股东认为减持多余资本是合理决策的舆论环境。如果银行的资本充足率从17.7%下降到15%(不包括花旗银行香港的机构),预计2005年香港银行业的分红将上升52%,总额达320亿港元;香港上市银行的股息率将从目前的4.9%上升到7.4%。但来自市场参与者的约束(如评级机构、共同基金等),并不会使香港银行业大幅度降低其资本。新资本协议更深远的影响在于新资本协议的实施能够提高银行的风险管理水平。多数香港的银行机构认为新资本协议除了能降低资本要求,还可以带来其他潜在收益:声誉的提高、投资组合管理能力的加强、风险定价能力的强化、贷款损失的下降、费用的下降等。

从业务层面来看,新资本协议中降低了对信用卡和住房抵押贷款的资本要求,将促使亚洲银行加速向零售银行业务的转移,并促使

亚洲的银行抓紧调整业务结构来适应日益严格的资本充足监管。

新资本协议的实施对宏观层面的影响,在不同银行间、国家和地区间可能是非对称的,信用风险测量技术和风险定价技术的提高使得银行能够向过去认为是高风险的客户发放贷款,因而会对整个经济产生积极影响。但对一些银行资本状况较为严峻的国家和地区,其风险定价技术的落后可能使其缩小信贷规模,受资本约束的银行更倾向于收缩信贷而其他的银行则可能不会。实证研究(Chiuri,Ferri and Majnoni, 2002)表明,新的资本充足标准可能导致发展中国家信贷的急剧收缩和流动性短缺,以银行体系为主导的一些亚洲国家因此会受到冲击,这也意味着这些国家的经济复苏需要更长的时间,从而会放大经济周期。同时,在 IRB 法下,低质量的贷款人需要更高的资本配置,采用标准法的银行较之采用 IRB 方法的银行更倾向于向低质量未评级的客户提高贷款,高风险的贷款人可能会向使用标准法的银行转移。所有这些问题都会对货币政策的传导和效率产生影响。

从目前亚洲各经济体的进展来看,中国对新资本协议的实施尽管已经采取了不少积极的应对措施,但是相对而言,已经落后于不少经济体,例如到目前为止中国监管机构还没有确立明确的实施新资本协议的时间框架。尽管中国银监会于 2004 年 2 月 27 号发布了《商业银行资本充足率管理办法》,表明了实施资本充足监管的监管理念,但其他方面的行动还有待加快,如:由监管机构牵头开展银行间历史损失数据的共享;制定向巴塞尔新资本协议过渡的清晰时间框架;就新资本协议实施的问题建立多渠道的灵活交流机制和平台,等等。

金融业遭遇"定价困扰"

进入 2005 年,随着中国金融体制改革的迅速深化,本来经营风格差异很大的金融业不同领域,几乎同时遇到一个此前所没有遇到的挑战和困扰:如何定价。

从功能角度考察,金融行业的实质,在于通过承担风险来获取收益,因此,无论是银行、证券、还是保险,如何对风险进行准确的识别、衡量、定价和控制,是市场经济条件下金融机构最为关键的核心竞争力。但是,在相当长的时期内,因为严格的管制,金融业很少有定价的自主权,以至于现在不同领域的金融机构几乎在一定程度上丧失了定价的能力。

在计划管制条件下,金融机构只需根据监管机构指定的价格进行金融交易,无论这种交易是发放贷款、发行股票还是销售保险,金融机构能够决定的往往只是交易的规模,所以金融机构的年度工作计划,往往考核的是规模:存款和贷款的规模、发行股票的规模、销售保险的规模。至于这些规模种蕴涵的风险是多少、监管机构确定的价格是否能够准确反映业务中的风险,几乎没有考虑。

因此,随着市场化的推进,当监管机构逐步把定价权转移到金融机构手中时,不同领域的金融机构几乎同时遭遇了"定价困境":缺乏足够的数据、足够的经验、足够的激励约束、足够的投入等,来进行准确的定价。

在银行领域,表现为利率市场化带来的贷款定价的困扰。2004年10月28日央行的利率调整,最为影响深远的政策调整之一,就是取消了贷款上浮的限制,商业银行可以自主根据企业和具体业务的风险状况进行定价。在央行对利率实行严格管制的时期,最多时制定有370多种不同的利率种类并要求商业银行执行,商业银行常常因为执行了错误的利率种类而被罚款。而目前的趋势是,央行将主要负责基准利率的调节,其余不同种类的利率水平将由金融机构自主确定。哪些商业银行能够更准确地使用利率杠杆,对不同风险状况的客户进行准确定价,这些银行就能够以合理的价格争取优秀的客户,也能够以合理的利差争取中小企业等风险相对较高的客户。商业银行的竞争将真正从原来的规模竞争转向价格竞争,转向风险定价和金融创新的竞争。2005年2月1日,央行发布了《稳步推进利率市场化报告》,强调了在2005年要继续稳步推进利率市场化改革的政策信号,特别强调要促进金融机构提高贷款风险定价的能力。

实际上,衡量商业银行竞争力的关键性指标,并不在于银行的资产规模等,而主要在于净利差水平、资产回报率、资本回报率等,特别是在银行依然以存贷款利差作为主要盈利来源的业务环境下,银行如果能够以更低的利率吸收存款、更高更准确的利率发放贷款,银行的净利差才会越高,盈利能力才会越强。不少研究者强调,外资银行之所以积极希望拓展人民币业务,主要原因是在于人民币业务的官方利差较大,如当前事实上的存款负利率和相对较大的贷款利差,成为银行重要的活力来源。与此形成对照的是,海外成熟市场的利率

基本上已经市场化,银行之间的激烈竞争导致银行获得的净利差在降低。实际情况并非如此。以香港市场上的几家国际性银行为例,尽管近年来香港市场上的贷款竞争十分激烈,汇丰银行、渣打银行等国际性的商业银行的净利差都分别高达 3.22、2.80。中国的国有银行中,中国银行的净利差仅在 1.7 左右,中国工商银行也仅仅在 2.01,定价能力表现得最强的上海浦发银行和招商银行也只有 2.44 和 2.36。可以预计,引入利率市场化的竞争之后,中国的商业银行之间的分化会更为剧烈,那些不能准确对风险进行定价的商业银行的净利差会继续降低,即使这些银行的存贷款规模扩张得再快,盈利能力也并不会相应上升。

2004 年的宏观调控,最有代表性的政策举措是"管住土地,管紧信贷",限制信贷的主要举措,是对政府认为过热的,以钢铁、房地产等几个行业的贷款进行严格的行政控制,不少国有银行干脆把这些行业的贷款权限统一上收到总行。这种行政措施的积极意义是见效快,但是负面作用也十分明显,就是如果采取"一刀切"则对经济体系的冲击大,如果采取"有保有压"则可能产生寻租。假定商业银行具有完善的风险定价能力,能够通过自身的风险识别和判断,清晰地把握不同行业的过热倾向并相应提高这些行业的贷款利率,那么,实际上是无需这种强烈的行政紧缩的。一个运转良好的商业银行风险定价体系,能够以适当的价格把资金提供给最为需要的资金运用者,从而提高资金的运用效率,同时,也通过这种灵活的利率定价的调整,促进经济的平稳运行;而一个不能很好地对风险进行定价的银行体系,往往会盲目地向高风险行业以较低利率贷款,从而成为经济大起大落的推动力量。

不仅商业银行长期以来缺乏定价能力,证券市场也是如此。本来无论是证券公司的投资银行业务,还是基金公司的投资业务,最为核心的能力就是对不同上市公司进行准确的估值和定价。但是,在

股票发行的相当长时期内,基本上是由监管机构统一确定股票发行的市盈率和价格,投资银行实际上只是一个事实上的财经公关公司而已。因此,证券行业一直缺乏良好的估值和定价的考验。2005 年推行的新股询价制度,开始对证券公司、基金公司的定价能力提出考验。但是,从新股询价第一股华电国际的定价看,证券机构定价能力的缺乏以及定价水平的分歧是显而易见的,发行价是基本与 H 股接轨的 2.52 元,上市的开盘价高达 3.70 元,最高上冲到 5.35 元,如此大的差异和波动,除了股权分置导致的定价缺陷之外,证券机构定价能力的欠缺是毋庸置疑的。

快速增长的保险行业,也开始面临这种"定价困扰"。2004 年 8 月,国内各产险公司因不堪车贷险亏损重负而集体退出了车贷险市场,实际上反映的是国内的保险公司对于车贷险的定价能力的缺乏。在保险行业的一句公理性的定价用语是:"没有不可保的风险,只有不可保的价格"。在车贷险市场起步之初蜂拥进入、迅速扩张,是保险公司低估业务风险、没有对这些风险进行准确定价的条件下作出的错误决策;但是一旦发现定价错误、出现经营亏损之后,保险公司采取的则是简单的拒保的做法,而不是市场化地采取差别化的产品费率以对不同的风险进行差别定价的做法。2004 年 10 月后,受央行加息和紧缩信贷等的影响,房地产信贷市场上一度形成提前还贷高潮,继而在局部市场形成了"退保潮",一些保险公司出现亏损的苗头,房贷险一度呈现"萎缩"迹象,这也显示出专门以经营风险、定价风险为核心能力的保险公司在开发房贷险的产品中,并没有考虑到利率调整可能带来的风险,显示了定价能力上的明显欠缺。

显然,中国不同领域的金融机构,几乎同时遭遇到"定价风险",这从一个侧面显示了中国金融市场化的实质性推进,即使金融机构的规模再大,数量再多,如果定价权力是严格管制的,金融机构之间很难产生真正的市场竞争。从 2005 年的进展看,金融市场化改革的

最为核心的部分——风险定价的市场化开始全面启动,这将是推动中国金融版图重构的一个最为关键性的因素,也是推动中国金融市场化创新和风险管理能力提高的关键性起步。

从国际经验看,金融机构要形成良好的风险定价能力,需要试错,需要艰苦的数据积累,需要良好的风险管理政策与流程,需要经历市场波动和经济周期的检验和矫正,需要投入大量的资源。因为这是金融机构最难以形成的核心竞争力。仅仅以风险定价的投资为例,目前在风险定价方面相对较为先进的汇丰银行就认为,当前亚洲的银行界面对的最大风险,并非是金融工具日益复杂,也非呆坏账增加或经济冲击,而是为实施2004年确定的、旨在提高银行风险定价能力的巴塞尔新资本协议所需要投入的巨大成本,据估计,亚洲区银行需就实施新协议增加近100亿美元的投资。

这也许同样符合风险定价的基本原则:好的风险体系,不会是那么廉价的,也不是那么一蹴而就的。看来,金融业遭遇"定价困扰",目前只是一个起步。

证券公司退出机制的启动及其发展趋势

2004年以来,高风险证券公司相继出现问题,进而被行政接管或托管,从目前的进展趋势看,2005年上半年有望完成对德隆系证券公司、南方证券、闽发证券、汉唐证券等证券公司的最终处置;根据目前的证券公司经营状况,2005年还可能会出现多家经营失败的证券公司以不同的方式被处置的情况。证券公司的退出机制开始正式引起关注。证券公司退出机制的建立不仅对于证券市场发展意义重大,从中也可以观察中国金融风险化解的难点与趋势。

在当前的资本市场上,证券公司的活力是整个市场活力的关键和基础。其基本理由是:(1)只有证券公司才是必须始终完全依赖资本市场而生存的,投资者可以离场,上市公司可以放弃筹资,只有以证券公司作为资本市场发展和监管的立足点和基本依托。基于证券公司必须完全依赖市场、对市场参与程度深的特性,监管者可以通过加强对证券公司的监管而促进整个市场的稳定发展。(2)证券公司是连接投资者和筹资者的桥梁,是重要的机构投资者,因而其功能的

发挥状况在很大程度上决定了资本市场的运作质量。证券公司通过自身对大量公司的发现价值的努力,向资本市场推荐大量有增长潜力的上市公司,同时为投资者提供交易渠道和研究咨询服务,为监管者提供大量监管信息。证券公司运作质量的高低,在很大程度上决定了资本市场的质量。

在当前中国的证券公司中,经营状况和风险管理状况差异相当大,有的资产质量相对良好,有的历史包袱沉重,甚至面临退出的危机。当前应当及早考虑证券公司的退出机制问题。如果缺乏有效的退出机制,就很难形成一个有效的证券公司优胜劣汰机制和风险的最终化解机制。随着证券行业竞争日趋激烈,证券公司的优胜劣汰就难以避免,此时,就需要建立一个有效的退出机制。同时,有效的退出机制能够强化对证券公司的激励和约束,促进证券行业结构的改善,降低系统性的风险。

通常而言,成熟市场的证券公司的退出大多表现为市场化并购方式的主动性退出,这显然有利于证券公司的规模扩张和业务整合;与此形成对照的是,目前为止我国大部分证券公司的退出,基本上都是资不抵债之后被动退出,成本很高,市场冲击较大,存在较大的改进余地和空间。被动的退出机制主要是国家行政指令型接管、托管,如南方证券、汉唐证券、闽发证券和辽宁证券、德隆系下属证券公司等,以及四大资产管理公司分别接管的问题券商,还包括一些地方政府主导并推动的兼并重组,如对陷入困境券商的资产整合和注资(如湖南省政府推动的泰阳证券重组等)。与此同时,一些市场化的并购也开始跃跃欲试,但是难度很大,如以券商自身为主体主动进行的同业并购重组行为,典型的是中信证券要约收购广发证券事件以失败告终;至于外资投行经特批借壳国内问题券商,通过债务方式控制成立的中外合资券商(如高华证券),则是一个并不具有典型意义的特例。

一、2005年会成为证券公司总量首次出现下降的年份

在市场经济条件下,市场的低迷时期,往往也是合乎经济理性市场行为的退出行为活跃的时期,这包括转让股权、收购兼并以及关闭等;市场的高涨时期,往往也是社会资本踊跃进入的时期。

但是,反观中国的证券公司数量,尽管市场起起伏伏,但是证券公司的数量一直稳定地保持增长,社会资本稳定地高速进入证券行业,近年来除了少数几家证券公司被强行退出外,即使是在市场的低迷阶段,证券公司基本上也是只进不退。

首先考察证券公司家数的增长,这种增长势头基本上很少受到证券行业景气波动的影响,即使考虑到一些历史形成的信托公司等的证券经营机构的整顿因素,近年来证券公司家数的增长势头依然是相当快的。从1998年到2002年,证券公司的家数分别是84家、87家、94家、102家、125家。证监会网站公布的2004年3月份的证券公司数量为129家(富友证券经纪有限责任公司已暂停证券业务,海南省证券有限责任公司所属证券营业部已由金元证券有限责任公司托管,云南证券有限责任公司所属证券营业部已由太平洋证券有限责任公司托管,以上三家证券公司未列入名单中)。2004年6月30日公布的证券公司数量为130家。

其次考察这些证券公司的净资产和资本。与证券公司家数的增长一致的是,证券公司的净资产和资本一直保持了快速的增长,净资产的平均增长率在30%以上,而资本的平均增长率则甚至一度接近50%。近年来的市场低迷在一定程度上减缓了这种增长速度,但是增长的趋势依然得以延续。

探询证券公司经营困境下只进不退这个悖论的深层次原因,应当从证券公司的体制方面、从证券行业的市场结构方面来进行。

证券公司在经营困境下的只进不出,反映了当前证券公司以软

预算约束为特征的国有产权为主的市场行为特征。与西方证券业早期以合伙制为主、后期以社会化的股份制为主不同,我国券商绝大多数是由国有企业或地方政府发起成立,与上市公司相似,券商以国有产权为主,内部人控制现象严重。国有券商的大量出现是前期证券业具有"垄断租金"而寻租的结果,并不是以利润最大化为最高目标。这就产生了两个问题。一方面,进入政策放开而退出渠道不畅,证券业过度拥挤;同时各地重复建设严重,大小券商星罗棋布,没有达到起码的规模经济。另一方面,在竞争中失利的券商不愿被兼并收购或破产清算,不能及时止损退出市场,导致恶性竞争现象严重,券商争抢投行项目、在同一地区重复设立营业部都显示了这一点,使证券业不能维持必要的利润率。

从目前的趋势看,中国的证券公司将不可避免地迎来一个以并购重组为主要特色的结构调整阶段。从发展趋势看,2005年可能会成为中国的证券公司总量首次出现下降的一个拐点年份,其中的关键因素,就是退出机制开始发挥作用,尽管这种退出机制在很大程度上还是被动的、成本还是相当高的。

二、证券公司的退出机制必然伴随着活跃的准入管制放松

继续保持严格的准入管制,证券公司的经营特许权就始终会有一个市场溢价,这也就不利于市场化的竞争的展开。退出机制的核心是优胜劣汰,是坚持清晰的市场纪律,从这个意义上来说,即使证券公司的退出要付出较大的成本,但是为了维持市场纪律也必须坚持,同时相应地要以新的制度要求建立更为健康的新的竞争者。

这个转入管制放松的过程至少应当从两个方面同时进行,其中一是全面改革当前国有证券公司的治理结构;二是同时引入新的活力,培育新的市场力量。国有证券公司的改革,如同国有工业企业的改革一样,同样需要以建立现在企业制度、推进股权多元化、改革国

有股一股独大、清晰界定政府与国有证券公司的界限等为目标,促使这些传统的证券公司逐步摒弃资本市场初期发展阶段从旧体制带过来的一些特点,实现向现代资本市场的中介机构的演变。同时,还应当引入新的活力,培育新的市场力量,通过放松管制推动市场发展,推动各类中介服务机构的成长和成熟,不断增强投资者对市场的信心。

当前,现有的证券公司大部分都有政府的背景,增资扩股中引入的大部分也是国有企业的投资,其中一些民营资本也往往是通过很多的中介环节进入证券公司。个别民营资本占多数的证券公司也是带着红帽子,在用人机制和经营机制上具有浓厚的国有企业色彩。这样的政府背景和国有背景使得证券公司的经营日益沾染国有企业所具有的种种不良特征,而且使得监管机构对于证券公司的监管和规范变得非常困难。特别是考虑到当前相当数量的证券公司拥有沉重的历史包袱,如果不能变革这些证券公司的经营机制,将难以有效地消化历史问题,在许多情况下可能还会在经营中不断地积累新的问题,此时,如果监管机构真正按照法律法规的要求进行规范,很多的证券公司将无法生存,由此还会引起一系列的连锁反应,在相关的政府部门的压力下,监管机构进行严格监管的难度明显加大。

为了提高证券公司的抗风险能力,增资扩股、拓展融资渠道成为许多证券公司积极选择的发展道路,这有其现实的合理性,也会对证券公司的发展产生一定程度的积极作用。但是,如果不对证券公司的治理机制进行深刻的市场化改革,那么,国有股一股独大、且通常具有政府背景的证券公司很难保证能够在经营活动中按照市场化的要求运作,其在一定行业、一定地域内可能具备的垄断地位也不能变成使证券公司有效积累的利润,而证券公司的政府背景和国有性质又使得对于证券公司的监管和规范很难落实。在这种情况下,只有靠不断的投入来缓和经营困难,由此可以解释我国证券公司的不断的增资扩股的冲动。显然,如果不改革证券公司的经营机制,再多资本金的证券公司依然还急需资金;而且往往是资金量越大,问题也越大,黑洞越大。

如果放任证券公司不断增资扩股而不推进其治理结构的改革、特别是准入机制的改革,那么,随着证券公司的资本金越来越大,下一步推进对证券公司进行改造的成本也越来越大,没有数亿乃至数十亿的资金,很难在一个证券公司中有决策权和影响力。此时,讲求效益的资本不敢大规模投资到这样的证券公司中,而敢于在这种状况下不计成本地投入的资本可以肯定地说是难以帮助证券公司经营机制的改善和效益的提高的。证券公司的垄断和高门槛促使进入者为了获得他们付出的高昂入门费而不择手段,加上初入市场的大胆和对证券业高收入的期望使得这样的增资扩股根本无法改善证券公司的状况,反而使其每况愈下,改造越来越困难。

三、相对滞后的开放进程延缓了证券公司退出机制的运行和经营机制的改善

在加入世贸的框架下,证券行业开放程度相对较低,这可能对扶持处于幼稚发展阶段的证券公司有积极作用,但是也降低了证券公司改进经营效率的外部压力。

根据中国加入世贸的协议书,证券业的开放承诺如下:(1)外国证券机构可以不通过中方中介,在深沪证券交易所设立特别席位直接从事 B 股交易。(2)外国证券机构设立的驻华代表处,可以成为中国所有证券交易所的特别会员。(3)允许设立中外合资的基金管理公司,从事国内证券投资基金管理业务,外资比例在加入后 3 年内不超过33%,加入 3 年后可增至49%。(4)加入后 3 年内,允许设立中外合资证券公司,从事 A 股承销、B 股、H 股以及政府和公司债券的承销和交易,外资比例不超过33%;加入 3 年后可增至49%。(5)外国证券类经营机构可以从事财务顾问、投资咨询等金融咨询类业务。

总的来看,与银行和保险相比,证券业的对外开放承诺较窄,降低了开放可能带来的外部压力。与保险、银行相比,证券行业的对外开放明显滞后。开放往往是推动改革和发展的重要动力来源之一,原来发展较为滞后的保险业在经历了全面的开放之后,保险市场获得了空前的发展,银行业的开放步伐也显著加快。如果证券行业的开放也能够保持银行业和保险业开放的力度,那么,在现有的130家证券公司中,可能就会有一部分合资或者独资的证券公司的经营比较健康,客户的保证金比较安全,整个市场的风险就可能会明显降低,如果考虑到示范效应和学习效应所可能带来的市场创新,这种积极意义就更为明显。

四、证券公司退出机制的建立还需要给予有活力的证券公司以更大的发展空间,从而建立竞争性的行业结构

随着中国资本市场的发展及其对证券公司提出的客观要求,可以预计,从2005年开始,中国的证券公司必然面临一个大规模的市场化调整和重组的阶段,通过这一重组过程,完善证券公司的治理结构,调整证券公司的行业结构,在促成数家主导性的大型证券公司形成的同时,促使大量证券公司形成有完善的治理机制、有独特的经营定位的证券公司。

目前的证券公司,基本上是国有证券公司占据支配地位的行业结构,行政色彩和地域色彩浓厚,大量地方政府主导的中小证券公司尽管在市场低迷时期经营陷入困境,但是在地方政府的预算软约束下依然难以退出市场,跨地区的兼并收购十分困难。

近年来市场有逐步向主导证券公司集中的趋势,但是远远还没有形成稳定的市场结构。从目前的市场情况看,证券发行业务集中度比较高,前5家证券公司占据了50%的市场份额,而证券经纪业务比较分散,特别是考虑到新的交易方式如网上交易的兴起、新的竞争者如外资机构等的进入,证券业现有的市场集中度提高的趋势实际

上并不稳定,其主要衡量指标就是迄今为止还没有形成明显强势的市场领导者,也没有形成有效的市场细分。

目前,从总体上看,证券公司的资本规模小、业务单一,差别化程度低,抗风险能力弱,收益水平波动性大,证券公司缺乏主动调整的能力。尽管近年来证券行业的盈利水平有所降低,但是在政府的倾斜和扶持等因素影响下,受益于资本市场快速增长,以及受益于政策进入壁垒和一系列价格管制制度,使证券业保持了相对高的利润率。据统计,1997—2001年我国证券业一直保持10%以上的净资产收益率,2000年前20家证券公司的平均收益率达到23.94%。2001年市场低迷,但前20家证券公司的平均收益率也达到12.84%。2002年市场出现调整,证券公司难以适应新的市场环境,出现首次全行业亏损,2003年、2004年继续延续了这种亏损的格局。

因此,在退出机制运作的过程中,必须给予证券公司足够的盈利空间和业务拓展空间,逐步放松过多的业务管制,促进证券公司开展创新的业务,在目前的分类监管的基础上完善分类程序,围绕净资本为核心的风险监管要求,根据证券公司的风险状况进行动态的、有差别的持续监管。

五、证券公司退出中的"花钱买机制"

证券公司作为金融机构,具有不同程度的外部性,这就为部分证券公司冒险投机提供了可能,盈利了由单个机构获得收益,亏损了则转嫁给股东、政府或投资者。由于在一定范围内存在的证券公司挪用客户保证金的问题,使得证券公司的自有资金与客户保证金的不能严格独立,从而也使得在证券公司倒闭的情况下,将证券公司单一的风险通过客户保证金扩散为社会金融风险。证券公司的这一外部性特征,使得目前持有证券公司股份的投资者通常并不愿意放弃对证券公司的控制权。

目前的资产管理业务为什么是证券公司的地雷?除了高杠杆的投机特征之外,这一业务中存在很多可能的利益冲突和利益输送。比如,自营和委托管理是否有清晰的界限?整个资产管理与其投行业务、经纪业务之间有什么相互关系?有无定期履行信息披露责任?怎么保证运行透明和利益输送不会发生?如何防范老鼠仓?现在有这样一个说法:中国的证券市场往往可以成为上市公司的圈钱工具,也可以成为证券公司的洗钱工具,但却往往难以成为投资者的投资工具。如果这些上市公司圈钱而不提供回报、证券公司洗钱而不承担责任,由此形成的损失由央行买单,而不注重相应的制度改革,不仅是对公共资源的浪费,也无助于市场制度的完善。

从市场原则和市场纪律角度说,应按照市场的要求使那些亏损并且资不抵债的公司退出。但是,因为这些证券公司的巨额资产管理业务相当部分是通过挪用客户保证金或国债回购等形式形成的,它的经营亏损本来只是一个公司的经营失败问题,只是一个公司的风险,而挪用保证金、国债回购等又使得这一单一证券公司的风险扩散和传染成社会性风险,会影响到客户和社会公众。

在这个意义上,证券公司的亏损实际上容易形成一个"倒逼机制",挟公众的保证金等以令监管机构,促使其被动地提供再贷款等方面的支持。实际上,到目前为止,南方证券公司等出现经营失败,基本上是由央行来采取再贷款的支持方式,尽管本来央行的再贷款的目的只是为了维护银行系统的正常运行。在目前证券公司的倒逼机制下,很容易形成严重的道德风险,一个非常不正面的激励机制,即:如果个别公司通过承担高风险而实现赢利,当然是机构和高管的盈利,获得的只是小团体的利益;一旦形成了大窟窿,则由政府来埋单。

如果继续沿用这种被动的救助证券公司的模式,实际上可能会在客观上起到鼓励证券公司挪用保证金进行高风险业务的效果。但

是,因为历史的原因形成的经营包袱,也不可能在一夜之间解决。因此,在证券市场上,我们也期望能够有银行改革中类似的"花钱买机制"的改革逻辑:政府为历史包袱付出一定的成本,但是一定要配套进行相应的机制改革,特别是针对可能导致道德风险的制度缺陷进行矫正。

例如,在为证券公司挪用的保证金进行资金的支持的同时,应当相应对现有的保证金制度进行改革,建立独立的存管制度,改革国债托管清算制度等,从而矫正可能导致资金挪用的制度缺陷。这可能就是金融市场的制度不断完善的渐进过程。

又比如,在一些经营失败的证券公司中,往往是取得控制权的内部控制人利用典型的坐庄模式洗钱,违规操纵市场股价,如把公司的资金洗到高管自己手中;把股东特别是中小股东的资金洗到公司,把证券类资金通过非证券类资产洗出;也有内部人通过坐庄,同时私下建立老鼠仓,把股价拉高后,自己出货而让证券公司接盘。对于这一类资产掠夺型的经营失败不断给予救助,实际上是用公众的资源纵容了这种盗窃的行为,因此公众资源的注入必须要有机制的彻底改革。

六、证券公司退出机制的完善需要一系列配套条件

(一)证券公司盈利模式的调整

证券公司在整个股票市场体系中的核心职能定位应是通过自身在公司价值发现和价值评估以及市场渠道和交易执行方面的优势,为市场提供更多具备投资价值的公司股票,同时减少市场交易成本。因此,证券公司的核心盈利模式应是不断向市场提供服务和增值服务等金融产品。

目前中国资本市场上的证券公司根本不存在一个可持续的盈利模式,在相当程度上,目前中国的证券公司实际上更像一个高风险的

投资公司,证券公司利用股东的资本,运用显著放大的杠杆效应,大量进行市场的投资。这种盈利模式使得证券公司的经营状况对于市场波动的敏感程度异常显著,市场的涨跌往往会使得一个经营本来还算稳健的公司迅速陷入困境。在当前证券公司的主要业务中,投资银行一般难以出现大亏损,但也很难实现大盈利,因为定价等方面的管制使得这一业务的技术含量有限;经纪业务随着市场交易量的波动而变化,但还不至于出现巨额亏损。证券公司的亏损主要在于它以各种形式持有大量二级市场的投资、大量的资产管理业务,股市下跌对这些业务造成了重大影响。

换言之,目前中国的证券公司的风险集中体现在买方业务的过度膨胀,这些买方业务强调的是利用自有或委托资金获取投资收益、承担投资风险;与此形成对照的是,中国的证券公司的卖方业务因为种种管制原因无法拓展,而卖方业务强调的是市场化的创造并销售金融产品的权利,比如批股式发行和做市商交易。随着股票发行制度的改革以及交易制度的完善、行政管制的放松,卖方业务在证券公司业务中的重要性会日益提高,但是目前来看依然还是买方业务主导的、高风险的盈利模式。如果盈利模式不调整,退出机制所可能产生的结构调整作用可能就会大打折扣。

(二)证券机构的风险监管要从事后的、注重审批和准入控制的监管,转向事前的、以风险为导向的、强调持续控制的监管

传统的机构监管模式在日益多元化的风险面前已经显示出不适应性,这主要表现在传统的监管强调的是事后监管、强调行政审批和直接的资源分配、强调准入环节的控制,而在市场经济条件下,风险监管必须要有超前性和预警性,必须要以风险为导向,要强调持续的监管。

从这个意义上来看,目前的监管模式还存在一些不足:监管机构不能准确全面掌握证券公司的真实财务状况和经营状况,使得监管

举措难以有针对性和超前性;对高风险证券公司的处置依然还是个案式的,缺乏清晰的、超前性的工作流程与机制,特别是类似商业银行监管中针对不同资本充足率采取的超前监管措施;对证券公司的高管人员的监管缺乏有效举措,特别是对违规违法者缺乏有效的惩处措施;客户交易结算资金独立存管制度、证券公司的自营和理财等业务还存在明显的制度缺陷与制度隐患;缺乏清晰、公开、透明的、以风险为导向的证券公司风险分类,以及在分类基础上的扶优限劣、鼓励优秀公司做大做强的具体方法;缺乏持续监管的信息条件、风险预警体系和处置体系等。

(三)要积极支持和鼓励市场化的退出机制

从配套政策措施上,要积极支持市场化的收购兼并。例如,对于2005年可能会继续出现的高风险证券公司及其处置,可以尝试推行"招标制"的市场化重组模式,如可以试行"接管+清算注资+转手"模式,由专门机构接管问题券商、在清算及国家适当注资后,支持优质的证券公司在吸引各方资源的基础上参与问题券商的兼并重组,从而引导市场资源向成本低、效率高的证券公司转移和集聚,实现证券公司优化整合。

(四)改善证券业发展的金融生态环境

这主要包括:给予证券公司更大的竞争自主空间;完善现有法规,特别是要抓紧完善惩治大股东和内部控制人掏空上市公司、证券公司侵占客户资产等行为的法律依据;完善投资者的补偿机制;拓展金融市场的深度和宽度,为证券公司提供多元化的业务空间;同时,证券公司的退出还需要适当考虑对市场行情的影响,例如证券公司的处置往往会伴随庄股的大幅跳水,同时也会直接冲击上市公司的理财业务的收益,从而对二级市场形成过大的压力;适当增大监管资源,适应难度不断加大的监管要求,特别是一些问题公司的处置需要集中相当大量的监管资源,而成熟市场出现金融问题时,首先得益的

往往是监管机构,因为公众和政府通过丑闻会认识到监管的重要性,同时监管资源也存在一个合理分配和布局问题,如果过多的监管资源是用于直接的审批和资源分配,那么,对于真正的风险监管肯定会是资源不足的。

金融对话

为金融领域反腐开方[*]

巴曙松　国务院发展研究中心金融研究所副所长
陈兴动　法国巴黎百富勤公司总经济师

近段时间,金融腐败案件连续不断出笼,大到董事长高管,小到银行职员,甚至是基层的"书记员",涉及金额动辄上亿元人民币。针对这种情况,中国银监会上周日宣布,已下发《关于加大防范操作风险工作力度的通知》,提出了13条意见,要求银行有效防范和控制操作风险。

在国有商业银行股改全面推进之时,金融大案却不断爆发。如何防范金融机构的腐败问题,如何完善内控机制成为社会关注的热点。就此,国务院发展研究中心金融研究所副所长巴曙松、法国巴黎百富勤公司总经济师陈兴动,共同探讨了此问题。

---

[*] 原载《上海证券报》2005年3月31日。

一、制度缺陷使金融腐败屡禁不绝

主持人：金融大案频频发生的主要原因是什么？

巴曙松：金融业是一个外部性、杠杆率很高的行业，商业银行尤其如此。扣除十分有限的资本金，商业银行主要依靠的是公众的金融资源。如果内部制度约束不严、外部监控不到位，就可能产生严重的道德风险。这是金融行业面临的共同问题，全世界的金融界之所以对商业银行的运作异常关注，主要是因为这个原因。在金融界，如果出现"抢劫一家银行不如拥有一家银行"的状况，就可能是制度上有重大的缺陷的一个重要表现，就可能是金融腐败的屡禁不绝。

究竟这种金融腐败是因为个人原因还是制度缺陷？用邓小平的一句话可以有比较好的解答：好的制度能够让坏人做好事，坏的制度可以让好人做坏事。目前出现金融腐败问题的个人，往往反映了金融体制中一个乃至几个领域的制度缺陷。

国有商业银行的一系列案件，不仅反映了内控和风险管理方面的缺陷，也反映了监管体制的缺陷。我国金融监管的一大问题是静态化、事后化、强调行政审批和管制，缺少动态的、预警的、以风险为导向的市场化处理方式。

陈兴动：所谓腐败，是指以他被授予的权力谋取自己的私人利益。

在整个经济改革的过程中，金融体制的改革严重滞后。目前，中国的实体经济开放发展进程顺利，但同时许多金融漏洞也暴露出来，金融腐败案件不断出现。

应该说，这是在转轨时期，中国金融领域存在的一些特有的体制现象。目前的严格监管，实际上并不是真正意义上的严格监管，从银行和证券市场所披露的情况看，遏制金融腐败仍不容乐观。

二、现在揭盖子比今后揭盖子好

主持人：金融大案是否会影响国有银行的重组上市进程？应当

如何避免其可能产生的消极影响?

巴曙松:无论在哪个金融市场,无论是银行还是工商企业,如果企业在上市进程中出现巨额的诈骗案件,至少会影响正在密切关注其投资价值的潜在投资者的信心,因此说没有影响是不现实的。

但对于原来一直被作为事业单位管理的国有银行来说,上市可以锁定国有银行市场化改革的路径,上市不再是在原有体制上的小修小补,而是着眼于整个治理机制的重构。

其次,上市会极大提高原来一直讳莫如深、在对公众披露信息方面习惯于遮遮掩掩的国有商业银行的透明度。中国银行黑龙江分行的诈骗案件之所以在目前如此引人注目,一个重要的原因还是因为中国银行正在积极准备上市,公众对其信息披露的透明度要求更高的缘故。此外,上市之后,必须引入监管机构、机构投资者、会计师事务所和律师事务所等中介机构的监督与约束。

另外,上市能够强制性地在国有商业银行僵化的经营机制中引入现代公司治理的基本制度框架。在一定意义上说,国有银行的上市本身会成为国有银行改革和强化管理的驱动力之一。因此,可以确定,监管层在国有商业银行出现重大金融案件时,还会坚定地推进上市进程。

但是,对于国有银行来说,上市是否成功,绝不能仅仅看能否上市,因为从国际市场的运作看,如果一家千疮百孔的"垃圾银行",要不惜血本推进上市程序,也是完全可以完成的。衡量其上市成功的关键,重点应当是看其估值水平,以及上市这个改制过程所带来的金融市场上的现实的竞争力。

陈兴动:目前,从中行到建行、农行都不断有案件爆发,现在是亡羊了,补牢必然涉及两种方式:一种是损失需要政府承担和国家买单,而国家买单和政府承担是相对整个百姓而言的,是拿整个社会的资金去弥补窟窿。另一种是需要尽快建立起一种有效的机制,防范金融腐败的机制,确保金融稳定运行的机制。但不管哪种补牢方式,都要承担损失。

出现金融大案,无论是对中国银行还是建设银行上市的进程都会有影响,这是很自然的。这种影响还要涉及整个中国银行系统的诚信的建立。当然,现在暴露出来问题比现在捂着盖着,将来上市后再暴露付出的代价要小得多。只有暴露出问题才能够寻找到更好的解决问题的方式。

金融技术:中国金融市场的深层潜流[*]

陈志武:耶鲁大学金融学教授、清华大学特聘教授
巴曙松:国务院发展研究中心金融研究所副所长

一、为什么金融技术也是重要的生产力:金融技术命题的提出

问题:为什么会想到要把技术的概念系统引入金融领域呢?是为了阐述上的方便还是其他?

陈志武:不仅仅是名词意义的引用,一般来说,谈到金融,人们主要会讲金融发展或者金融市场,而不是金融技术,更不会把文化和金融技术联系在一起。但是,在我看来,金融技术是现在十分重要并且将来会越发显示出威力的一个重要命题。金融技术发展是经济增长、社会福利趋向合理化的必要架构。

巴曙松:剑桥大学出版社出版的《技术史》十分深入系统地阐述

---

[*] 原载《中国发展观察》2005年第4期。

了技术对人类社会发展的重要意义。这本书强调,人类历史的长河从表面上看波涛汹涌,例如王朝的更迭、英雄的兴衰,但是,实际上在很大程度上决定人类历史发展的重要因素之一的技术,就像贴近河床的潜流,它的流动可能缓慢,却对整个水流的流动有着相当大的影响力。

其实,如果把金融市场的技术进步与整个金融史、整个经济发展的轨迹对照起来观察,也可以发现,金融技术的进步对于人类福利的增进具有何其大的影响力。

我最近到呼和浩特调研,在该市建于辽代的白塔中,发现了中国现存的最早的纸币实物。纸币的采用这一重大的技术进步,给予那些长途跋涉者以多大的福利改进,旅游者稍微想象一下就可以体会到。

陈志武:关于科学技术给人类社会带来的好处,我们大家都能够理解或者充分认识到了。比如,1854年容闳作为第一个留美中国学生从耶鲁大学毕业后,坐船从纽约回国共花了154天,经历近半年时间的海上折磨才到家。而今天从纽约到北京只要坐13小时的飞机。其他如越洋电话、互联网等通过科技进步提升人们生活质量和效率的例子就更多了。

但是金融技术呢?金融技术的变迁、创新和发展,给社会带来的影响实际上至少不应该低于电脑和其他科学技术能给社会带来的贡献。

政治经济学理论和我们中国人的传统观念都认为,只有劳动才创造价值。然而是不是只有生产那些看得见摸得着的东西、生产制造实物,才是真正地创造价值?金融的作用是帮助人们对资源进行配置、对不同时期和不同境况的收入进行配置,也帮助不同人之间进行资源配置,这些当然是看不见、摸不着的贡献。

举一个简单的例子,20世纪90年代俄罗斯企业之间所做的交易,55%以上都是以货易货,没有很方便的货币,人们的收入和政府取得的税收都以实物支付。我们可以想象一下,当整个社会55%甚至90%是以货易货,那结果是什么呢?是全民都是零售商,每个人都要花很长时间去做一些和自己最擅长的事情不相关的事。由此产生的后果就是社会没有专业分工,使专业分工的深化和细化不可能发生。再如,古代要做一个北京到广州之间的贸易,用铜钱付款的话需要大车拉运,雇用保镖,大概要几个月把钱送到,信息反馈回来又要几个月,完成交易要用一年左右的时间;用纸币就要快一些,只要把现金或银票装在兜里快马跑就行了,完成交易的时间大概能缩短几个月。

巴曙松:实际上,现在稍微大一点的金融机构,基本上都采用了电子汇款,收付款只需要很短的时间,而且成本大大降低。这种金融技术的进步使得企业可以以更高的效率来运用自己的资金,加快资金的周转,同时也大大缩短了交易时间,提高了贸易效率,减少了支付过程中的风险,这对于整个社会都是一种效率的改进。如果设想一下,我们采用不同的支付方式来支付1 000万元的交易,相应对于企业效益的影响多大,就可以清晰地看出这一点。如果在没有纸币和银票的古代,需要雇佣保镖长途运送金银,不仅缓慢而且危险;如果有了银票和纸币,效率会明显提高,但是其中的风险也较大;而电子汇款的速度在于举手之间。随着手机银行、网络银行的全面兴起,银行的服务已经打破了空间和时间的限制,无论银行的网点是否有职员上班,消费者都可以根据自己的需要通过网络、电话等进行金融交易,整个金融资源的配置效率显然会有很大的提高。因此,没有人在这样的事实面前可以说,金融技术不是生产力,它不创造价值。

陈志武:前面只是说了金融技术的一个方面即货币层面,而另外一个层面——证券层面,恰恰是中国历来最欠缺的,也是最需要发展的。

广义讲,任何一种证券都可以说是一种金融合同(契约),其中一

种类型的证券是对不同时间之间的收入进行配置(收入配置型证券),更广义的证券则是在同一时间可能发生的不同状态(事件)下,对收入进行的重新配置。保险就是一个很好的例子。

实际上证券的含义可以比人们所熟知的股票、债券、保险的含义更宽泛,甚至达到无穷多。人在一生中的各个阶段收入会有不同,企业和国家也是一样。如果没有证券一类的金融技术手段的发展,人们对于调剂收入的余缺只能是无能为力。金融技术的出现大幅提高了人们生存和发展的能力,企业乃至国家也得以通过不同的证券安排把未来不同时期的风险、收入和资金需求进行调配。

巴曙松:在中国,对于证券层面的金融技术的重要作用的认识,甚至还不如银行层面。这特别明显地表现在对于期货市场的态度上。在决策层一度有一种说法,强调"如果你恨一个人,你就让他去作期货,让他倾家荡产",在这种思路指导下的期货市场发展必然充满坎坷。实际上,整个经济体系中的风险确实已经存在,期货等金融衍生工具只是提供了一种风险管理的工具,究竟如何运用还取决于市场主体自身。中国整个市场的规模扩展很快,对于原材料有很大的需求,但是缺乏足够的金融衍生的风险管理工具,不少企业因此遭受很大的损失。对政府决策者来说,控制期货市场的发展似乎是为了抑制投机,但是在市场条件已经具备而依然不发展期货市场,实际上本身就是更大的投机,因为市场在波动,风险始终存在,发展期货市场提供了风险管理的工具,而不发展期货市场,所有的市场主题(包括政府)都只能被动地承担市场涨跌带来的所有风险。仅仅举一个简单的例证,目前商业银行已经持有巨额的债券,利率的上调必然会对债券市场带来直接的冲击,在没有期货等风险管理工具时,商业银行的唯一选择是坐等亏损的出现,这种状况也制约了中央银行利率政策的回旋余地。

目前我们在讨论中国的人民币利率是否应当扩大浮动区间,实际上,如果没有汇率风险管理的金融工具,例如期货、期权等,在汇率浮动幅度较大之后,企业和金融机构只能被动地经受汇率波动带来的风险,这是非常危险的格局。

二、中国金融技术滞后的负面影响远大于中国科学技术的落后:历史与现实的反思

陈志武:这个问题需要回顾一下历史。我们一直在研究为什么18世纪末的英国和后来的美国资本市场能发展得那么好,后来也为工业革命创造了极好的条件?为什么在中国没有发生?我认为有两个非常非常重要的原因。以英国和荷兰为例,十七八世纪的海洋贸易——大西洋贸易,把与陌生人交易的风险推到了一个新的高度。距离、规模、风险等的扩大推动了当时的英国、荷兰金融技术的快速发展;另一个重要因素是1688年英国的光荣革命,它使议会的力量战胜了绝对的皇权,皇家随便举债甚至有可能随意赖账的做法被根本上遏止,政府公债——当时资本市场的主要交易对象——的信用大大上升,所以当时英国的资本供给是全世界最充裕的。投资者的信心主要取决于两方面:政府对市场的决策是否按规则办事以及是否透明。

同样的因素也作用于美国,美国政府建立起的三权制衡格局,使民众对政府发行的债券以及之后的股票信心很强,购买者才能踊跃;由1850年代开始的电报、火车发明等技术进步带来的对资本的需求和对风险分摊的要求,成为金融技术进步的巨大推动力。

这对中国的现状有什么启示呢?

首先,建立发达的金融市场和推动金融技术进步的技术和贸易方面的动力事实上我们早就已经具备了;

第二,需要考察的是我们的制度环境,即政府权力是不是无限大,政府决策的过程是否足够程序化;

第三,有没有足够的新闻自由(主要讲财经新闻自由)作为有效

的媒体监督力量,法制体系是不是能够为交易中利益的确认和产权保护提供足够的保障;

第四,这个因素与英美等国家可能无关,但在我们国家却是必须考虑的:中国的资本市场是由政府主导的,而很多掌握控制权的官员却不懂市场。

巴曙松:从整个社会的融资结构考察,中国是典型的间接融资型的金融结构,这种金融结构意味着,因为缺乏证券市场的有力支持和金融技术的滞后,银行体系在事实上被动地承担着经济波动的大部分风险。在分析银行不良资产时,我们经常会说,因为商业银行承担了经济转轨的成本,所以形成了大量不良资产。实际上,从时间序列来分析,不良资产的形成密集时期,实际上往往是经济的大起大落时期。

从大致走势看,商业银行的不良资产形成有两个高峰期。第一个高峰期是在1991—1993年,四家国有商业银行的不良贷款比率从1990年的10%上升到1993年的20%左右,其中包括商业银行承担的不良的企业债券的损失。第二个高峰期是1997—1998年亚洲金融危机后,银行的不良贷款率再次急剧上升,但是这一阶段的不良资产比率的上升从经验意义上看,许多是为了不良资产的剥离进行历史包袱的暴露,也有一定因素是经济波动的影响。从近期不良资产与经济周期的历史波动轨迹看,通常不良贷款大部分都是经济景气迅速上升时期投放出去的,一旦经济出现较大起伏,高速扩张的信贷必然产生大量新的不良贷款。2003年,中国的银行体系投放了2.99万亿的信贷;2004年,信贷新增2.2万亿。这5万多亿的信贷投放,在经历经济的周期起伏之后、在经历如此快速的信贷紧缩和投资波动之后,究竟会有多大比率会成为不良资产?不良资产的历史是否会再次重演?

值得关注的是,世界著名的标准普尔信用评级2004年5月24日

发表其对中国内地银行业不良资产比率的最新估算。标准普尔估计,中国内地银行 2003 年底的不良资产约占其银行体系总贷款的 40%;在 2003 年中,标准普尔对内地银行不良资产比率所作出的估算为 45%。在调整其对不良资产比率估算的同时,标准普尔亦指出,中国内地经济增长放缓将可能导致较多的不良贷款出现,预料下一轮的不良贷款很可能主要来自对中小型企业和高价住宅房地产发展商发放的贷款。

在整个社会的融资结构严重依赖银行的格局没有明显改变的前提下,在没有有效的金融技术创新的条件下,可以肯定的是,此次宏观调控可能产生的成本,最终在相当程度上还会由银行来承担,这可能就会表现为银行不良资产比率的上升。特别是考虑到此次商业银行的信贷投放,有相当比率是投放到投资迂回程度提高的重化工业行业,有相当比率是投放到受地方政府影响较大的基础设施行业,较之 1992 年以及 1997 年的经济波动给银行体系带来的不良资产,其比率可能还会要来得高。

三、金融技术差距在造成全球发展不平衡上影响日趋显著:国际比较与趋势

巴曙松:金融技术的差距究竟如何造成全球发展的不平衡,从当前关于美元危机的争论就可以看得很明显。

在当前的国际金融市场上,美元的危机似乎已经成为一种主导性的看法,甚至有人说美元是否陷入了和 1973 年、1985 年那样类似的危机之中。美元的国际储备货币地位是否已经摇摇欲坠呢?事情可能没有想象的那么简单。也许通常一般的国家面临美国当前所面临的"双赤字"时可能会遭遇货币危机,但是美元可能并不会遭遇,其间的差距就是由金融技术差距所带来的。

在一定意义上可以说,美国的双赤字可能是美元走弱的重要影响因素,但是,这可能也正显示了美国金融市场体系的国际竞争力和

吸引力,显示了美国金融技术的进步,正如英国在其最为强盛的时期的政府债务一度高达GDP的200%一样。如果一定寻求缺陷,那么,这是整个国际金融体系的缺陷,在这个缺陷的框架下讨论美元危机已经30年了,但是我们看到的现实是,美国在出现双赤字的同时,美国的资本市场占到全球资本市场的份额却从不到30%迅速上升到70%左右,美元的竞争力,来自于美国资本市场的竞争力;而资本市场的竞争力,来自于清晰的监管、透明的法律体系、相对完善的金融市场体系、更有效率的金融技术。

在当前的国际经济体系中,美国可以说是中心地区,亚洲是贸易账户区,欧洲、加拿大和拉美是资本账户区。通常的格局是,贸易账户区向美国出口,并靠出口带动经济发展,同时积累巨大的外汇储备。资本账户区是传统上的资本输出区。美国作为全球经济体系中心区的地位,与其金融技术的领先密切相关。

陈志武:现在业界讲得比较多的一个问题,为什么产品生产价值链上附加值比较低、劳动力密集程度高的部分在中国做,而附加值比较高的部分在国外做?这在绝对意义上说是由于金融证券市场发展的差距导致的一个必然的结果。

研发(知识产权)是附加值最高的一块,金融也是附加值很高的一块。例如,研发必须投入很多资本,假如一个国家的金融市场不发达,将难以为研发企业提供所需的巨额的资本支持。

巴曙松:中国的金融技术发展可以作为一个对照。从全世界范围看,资本市场的发展,是因适应社会经济趋势的结果,是不同经济主体共同作用的结果。以最为典型的股票市场为例,在股票发行市场上,股市提供了资金盈余者与资金亏绌者之间的直接沟通渠道,一方面,为资金使用者提供高效率的筹资场所;另一方面,为资金拥有者提供高效率的投资场所,并由投资者分担企业经营风险。在股票流通市场上,通过股票交易和股价变动,对股份公司及其经营管理人

员作出评价和进行监督,迅速、准确地把资本导向收益最高的行业和企业,实现资源的优化配置。由此,金融资源实现高效率的配置,经济增长的潜力得以发挥。

中国经济的持续快速发展,需要一个能够高效率配置金融资源、满足不同风险偏好的资金需求者和资金供给者的完善的金融市场体系。如果说中国的银行体系已经在进行全面的改革,那么,随着中国经济体系的市场化,许多现实的金融需求在当前的银行体系中是不能得到满足的。例如,中国还缺乏一个以创业企业为对象的融资体系;中国的民营企业等经济增长中占据越来越重要地位的企业还缺乏稳定的融资渠道;中国的广大投资者则缺乏在低收益的储蓄、高风险的股票等金融投资产品之间的、满足不同投资者需要的金融投资品种;同时,企业长期资金的需求严重地得不到满足。这些融资需求,客观上要求建立一个稳定发展的提供长期资金的市场——资本市场。

另外,中国经济运行中资本利用效率的低下,现实地提出了要发展和完善资本市场的要求。从主要的金融数据看,储蓄率和投资率的差距表明资本的浪费或资本净流出;资本产出率不高,表明资金分配的效率有待提高。资本市场的发展对于促进资本的利用效率无疑会发挥积极的作用。

根据目前中国的增长目标,中国经济要在20年后达到翻两番的目标,每年平均的经济增长率应该达到7.18%,其中投资将是增长的主要动力之一。根据香港百富勤公司的预测,预计到2010年中国支持经济增长所需要的资金至少达50万亿元人民币,这显然需要一个稳定发展的资本市场来支持。

陈志武:1820年代,技术革命的重心由英国转移到美国,近两百年来,几乎所有的重要技术如电、汽车、电脑、软件等的研发都发生在美国,这跟美国的资本市场非常发达是分不开的。中国、日本目前都

是以银行为主导的金融体系,英国、美国更多的是以股票为中心的、资本市场为主导的金融体系,区别就在这里。股票投入和银行提供的资本投入在期限上有一个本质上的区别。银行的钱大多数以短期资金存款为主,为避免资金的随时撤出或挤兑,一个负责任的银行是不应该把钱投在收益不确定或期限比较长的项目上。这就是通常所说的银行存款与投出去的资产组合的期限要匹配。而研发的风险很大,很多需要10年、20年资金才能回笼,甚至永远不能回笼,对银行来说,破产的概率就大大增加了。所以以银行为主导的金融系统不适合太多的侧重长远投资,特别是投向初创时期风险较大的产品研发(技术开发)。银行的本质决定了它只能提供期限短、回笼快的服务项目。

以股票为主的资本市场则不同,股票是没有期限的资本,只要公司存在,股票不会到期,是否分红也不是必然的要求。回到当年的互联网热潮高涨的时候,很多公司一分钱收入没有,只需要有一个好的想法、理念甚至故事,就可以融到那么多资本。道理在哪?因为股票作为融资的一个手段是没有限期的资本。只要你能说服你的投资者,并且投入到该投入的地方。

美国人鼓励创造发明的文化是内生的,同时早期投资承担风险可以获得超额回报的实例也激励人们,更多的人会愿意进行这种也许仅仅建立在一个好的想法基础上的风险投入。先开始树立一些样本——更多人愿意投入,形成了一种金融支持的良性循环模式。美国近二百年来所创造的科技发明能给人们生产生活带来那么大的改善,与高度发达的金融市场的支持是密不可分的。

目前还没有其他国家、更没有发展中国家具有美国这样的发达的证券资本市场,因此各国的贫富悬殊、发展不均也是由于证券资本市场发展程度的不均衡给不同国家带来的不同发展机会。没有金融手段支持的国家,人们不能把资金调配到最能创造价值的领域来,也

许更多人所能依靠的只有一双手,只能卖苦力了,再加上一些土地、自然资源。

巴曙松:中国的经济增长始终受到产业结构失衡的制约与困扰。经过建国50年来的工业化建设,中国初步建立了门类齐全的工业部门体系,资产存量的绝对总规模不小,其中国有企业资产又占了大部分,但是与体制结构的调整相比,产业结构的调整对经济的贡献仍显得很不够。证券市场在存量调整和增量调整方面具有的独特优势,决定了它可能在中国产业结构的调整和优化中发挥重要的作用。

首先,中国正处在工业化发展序列中劳动和资源密集型向技术和资本密集型转化的阶段,产业结构正由以轻纺工业和传统消费品工业为主导的工业化第一阶段转向以重加工业和基础产业为主导的工业化第二阶段,同时在世界性信息产业革命的带动下,高新技术产业也成为国民经济的发展重点。发展这些部门已成为国民经济进一步增长的关键,这意味着对资本的依赖性空前增强,而在现有的金融框架下金融资本向产业资本转化的格局又难以在短期内形成,资本市场的筹资功能可为此提供条件,例如通过金融工具的创新和金融技术的进步,可以将大量的社会闲置资金引入产业政策导向的产业和行业中去。

其次,中国产业结构的调整方式也由增量调整为主向存量调整为主转化。目前,大多数企业规模不大,竞争力不强,不能形成规模经济,无法和世界的大型企业竞争,这种现实状况要求对现有的国民经济体系进行存量结构调整,通过大规模的兼并与收购,形成大型企业集团。而资源存量的重组不仅难以得到银行资金的足够支持,更难得到重组所需的运作方式及制度安排等方面的帮助,这些问题只有在资本市场上通过金融创新与金融技术进步,才能得到解决。

四、金融技术进步需要怎样的制度环境:现实的诊断

陈志武:我有这样一个观点,开放的新闻媒体和可靠的法治是市

场经济深化与持续发展的必要条件。

如果没有可靠的产权与合约权益保护的制度,人们就无法预期从事市场交易、从事投资的结果,不能知道从交易、投资中获得的利益能否属于自己。而经营、交易结果的不确定性将迫使人们停止交易、不愿做出投资,即使他们想进行市场交易,交易成本也可能高得令人望而却步。于是市场发展会停滞不前,经济增长无法持续。

正如我们在大量的实证分析中可以明显感觉到的结果,制造业远比第三产业特别是金融业容易发展,前者所依赖的交易市场相对于后者不容易被骗(尽管在绝对意义上任何产品交易中都会有欺骗的空间),因此制造业市场的发展对制度机制的依赖性较弱。而第三产业所交易的是一些看不见摸不着的无形的"服务"或"许诺",道德风险和"逆向选择"的可能性就大大增加,在制度资本欠缺的社会里,这种市场、这种行业更容易停滞甚至关闭。

这就是为什么制造业在中国可以发展(更何况制造业能最好地发挥中国的劳动力优势),而证券市场在中国则发展艰难。

媒体报道的自由度最终决定了一个国家或地区的市场信息环境的可信度、客观度和完全度。

我们曾经做过的一项专门的回归分析表明:以1990年新闻媒体的自由程度为对比指标,新闻越自由的国家(或者是越富的国家),在随后的年度中其服务产业相对于工业增长得越快。而且,在解释一个国家的第三产业与第二产业间的增长速度差值时,新闻媒体的自由程度比该国的人均GDP(亦即,当初发达程度)更重要。因此,一个基本的实证结论是:如果一国的新闻媒体不开放,那么其制度环境相对更适合发展制造业工业,而不利于发展第三产业。这一实证结果跟我们的理论命题完全一致。

除了新闻媒体这一制度机制外,第三产业的发展水平跟产权保护的关系是密切正相关的。产权保护最好的国家,其服务产业也最发达(占 GDP 的 64.90%),而产权保护不好的国家,其第三产业最不发达(占 GDP 的 52.47%)。前面谈到,制造业与第三产业对产权和合约权益保护有着不同程度的依赖性,制度资本欠缺的国家不利于第三产业发展。

巴曙松:从实际的运作角度看,与金融技术的进步直接相关的是金融监管,可以说,没有一个好的金融监管,很难有好的金融技术的进步。

什么是好的监管呢? 英国《金融服务与市场法》(Financial Services and Markets Bill)提出了"好监管"的六条原则,要求在实施监管时必须同时考虑并作为新监管方式的指南。这六条原则是:使用监管资源的效率和经济原则,被监管机构的管理者应该承担相应的责任,权衡监管的收益和可能带来的成本,促进金融创新,保持本国金融业的国际竞争力,避免不必要的对竞争的扭曲和破坏。参照这个标准,目前我们的许多金融监管还存在明显的缺陷,抑制了金融技术进步的推进。

从整个金融组织体系的发展看,当前国际范围内激励相容的监管,应当是从总体上促进经营管理状况良好的金融机构的发展,抑制管理水平低下的金融机构的发展。但是,包括中国在内的许多国家和地区的金融监管中存在的一个重大缺陷,就是缺乏激励相容的监管理念和机制,而且往往还可能出现抽肥补瘦、鞭打快牛的现象。政府在给金融机构注资、补贴、收购兼并的过程中,以及监管机构在进行日常业务的审批、新增机构、开辟新业务等过程中,往往没有充分发挥激励作用,没有为经营管理状况良好的金融机构提供较之经营状况低下的金融机构以更好的、更为宽松的发展环境,没有一个有效的机制鼓励好的金融机构更快地扩张,往往还在客观上促进了差的金融机构的扩张。这不仅不利于整个金融体系运行效率的提高,对于那些经营状况良好的金融机构,这种监管机制还是相当不公平的。

同时,金融监管应当鼓励金融技术的进步,改变目前过于严厉的行政审批和行政管制抑制金融技术进步的状况。近期在讨论《证券法》的修订时,就有一种意见认为,整个《证券法》可以基本不进行修改,只需要补充一条,就可以给市场带来很大的活力和空间,这一条就是"凡是本法没有禁止的,都是可行的",这实际上体现了一种深刻的监管理念、立法理念的分歧,体现了对于金融创新是否包容的监管理念。实际上不仅是证券法的修订,《商业银行法》的修订也同样存在类似的问题。在目前的《商业银行法》中,就存在许多直接干涉商业银行自主经营、自主创新的条款。例如,1995年的《商业银行法》第七条规定:"商业银行开展信贷业务,应当严格审查借款人的资信,实行担保,保障按时收回贷款。"但是从商业银行的实际运作看,是否提供担保,完全取决于商业银行的风险决策。原来的《商业银行法》的第三十六条存在同样的问题:"商业银行贷款,借款人应当提供担保。商业银行应当对保证人的偿还能力,抵押物、质物的权属和价值以及实现抵押权、质权的可行性进行严格审查。经商业银行审查、评估,确认借款人资信良好,确能偿还贷款的,可以不提供担保。"修订之后的《商业银行法》依然有许多类似的缺陷。

当前中国的金融技术进步,基本上还是以吸纳性和移植性的技术进步为主导,原创性的金融技术进步较少;从技术进步种类看,负债类的业务技术进步多,而资产类业务则因为利率管制等多方面的因素技术进步较少;许多金融技术进步实际上是靠外力推动,而不是市场主体自发进行的结果。这种状况的形成有多方面的原因,如政府金融管制过于严格,抑制了金融技术进步的空间;由于金融市场主体有不少还是没有建立现代企业制度的、具有盈利动机和自我约束能力的金融机构,使得中国金融市场上的金融技术进步主体内在动因不足;主要的市场指标利率和汇率形成机制没有充分市场化等等。

尽管当前中国金融市场的技术进步状况并不令人满意,但是,这也从另外一个侧面体现出技术进步空间之巨大。经济转轨推动的金融市场剧烈的结构变化提出了巨大的金融技术进步的需求,客户在分业经营体制下的金融超市式服务为不同金融机构进行合作和技术进步提供了巨大的舞台,中国加入世贸之后金融领域的竞争加剧必然成为金融技术进步活跃的重要推动力;同时,中国过于倚重银行间接融资的金融结构也为直接融资市场的技术进步提供了机会。可以预计,上述几个领域将是未来金融技术进步较为活跃的领域。当前推动中国金融技术进步的重点,应当在于创造一个宽松的市场环境,让金融监管与金融技术进步良好地在市场上相容;应当放松对利率、汇率等市场指标的管制;应当把经营性金融机构塑造成真正的市场主体,激活其技术进步的内在动力。

在一定意义上可以说,不同国家和地区之间的金融机构之间的竞争,往往也是金融法律体制、监管体制、监管理念的竞争,激励不相容的金融监管,抑制金融创新的金融监管,不讲究成本收益权衡和问责机制的金融监管,片面拘泥于分业经营和机构监管的金融监管,不与国际监管理念保持一致的金融监管,必然是一种高成本的金融监管,这种监管不仅会制约金融机构的发展空间,也可能在客观上还会加大金融风险,抑制金融技术的进步,因此应当引起广泛的关注。

五、中国金融技术的进步从何处着手

问题:您认为发达资本市场的主要要素是什么?也许只有明确什么样的资本市场可以称之为发达,我们才可以更好地比较自身的不足。在目前的情况下,中国金融技术的进步可以从何处着手?

陈志武:现在国内的金融技术创新已经在进行了嘛,当前要做的是三个层次:

首先是进一步放开民营金融机构,让更多的民间力量参与包括民营的银行、证券公司、民营融资渠道、私募股权基金等在内的金融机构。

第二,政府要做的不能是像以前那样完全一手包办的股票市场,实际上要做的是两件事:一是放开让民间金融发展,让市场自己去做;另外是在法制架构的设置和合约执行上做好金融交易双方的权益保护。

第三,通过保证财经类媒体信息的流通和新闻自由,让舆论监督有效,让媒体不受约束地充分曝光,这样自然地每个人都会对自己的行为注意很多,腐败、不诚信等不恰当的行为就会少很多。就像美国一位大法官说过的,"阳光是最好的杀菌剂",把所有的操作透明化,不健康的东西会收敛很多。

这三个是政府完全可以做到的。现在促进中国金融行业大发展的经济动力早就已经存在了——中国对外开放以后,由外部增长带来的冲击力量已经很大,但假如由于以上的三个方面不配合的话,这次机会又会丧失掉。而一旦失去这次机会,无论国家、企业的强盛还是个人、家庭生活的改善都会有很严重的后果。

所以,简单说,在很大意义上,与其政府做很多事情还不如做得比较少好一些,政府唯一要做的是,在树立规则和信息环境上应该做好,有相应的奖励和处罚机制。

巴曙松:陈志武教授强调的促进金融技术进步的主要观点,实际上经济学界不少学者都是赞成的。从中国的实际情况出发,我打算从当前中国经济金融运行中最为突出的两个问题,来看看中国金融技术的进步应当如何着手。

当前,在中国的宏观经济运行中,从整个金融体系的角度看,目前有两个问题是十分值得关注的,一个是中长期贷款占比居高不下,一个就是中小企业的融资难问题在宏观紧缩的背景下有所加剧。这两个问题实际上并不能仅仅停留在银行贷款行为的这个微观角度来考察,而需要从整个金融体制、金融结构的角度来考察,从中我们可以看到当前金融体制改革滞后的许多方面,看到金融技术未来应当着力的切入点。

2003年以来的宏观紧缩,贷款增幅有明显的下滑,但是中长期贷款却依然保持十分稳定的上升,压缩的贷款大多是短期贷款,使得部分企业的流动资金显著短缺,中小企业的融资难问题有所加剧。尽管宏观当局也采取了一系列的措施试图引导商业银行降低中长期贷款的比重,但是实际上的效果是有限的。为什么会出现这种困境呢?

首先,这种状况表明中国的商业银行还缺乏有效的风险控制、特别是风险定价的能力。

风险管理的周期包括风险识别、风险衡量、风险定价和风险控制等相互联系的几个环节。在中国的利率走势已经开始比较明显地进入利率上升的趋势中时,目前商业银行总体上大规模继续扩张长期贷款,实际上加大了资产负债的错配风险,首先就体现出对于利率风险管理能力的缺乏。可以说,目前商业银行在资产负债的配置结构上,客观上还是延续了原来利率下降趋势的行为。

中小企业融资难的问题,表现在银行贷款方面,就是银行对于中小企业的风险状况缺乏有效的识别手段。在2004年10月29日中央银行取消贷款浮动的上限之后,商业银行完全可以充分运用利率浮动手段对不同风险状况的中小企业进行贷款定价,开拓中小企业贷款市场。目前中小企业贷款难,显示出商业银行总体上缺乏独立的风险定价能力,因此在中小企业贷款方面选择的策略是简单地退出市场。

其次,中长期贷款居高不下以及中小企业贷款难问题,显示出中国的金融市场发展失衡、资本市场发展滞后使得整个融资结构的调整难以顺利推进。

从目前中国的融资结构看,目前严重依赖银行贷款的融资格局,使得中国的M2/GDP持续上升,居高不下,提高了金融结构的脆弱性和不稳定性。因为长期融资不发达，使得银行体系不仅承担了通常意义上的商业银行承担的短期融资的功能，还不得不承担长期融资的功能，在有的领域实际上类似股本融资的功能，例如在转轨时期银行对于一些无资本金企业的贷款以及对本来希望进行股本融资的中小企业进行债务融资等。

因此，从融资结构角度考察的话，无论是压缩中长期贷款，还是发展中小企业融资，可能更多地需要从银行系统之外找解决的办法，特别是要发展中介融资市场、股权融资市场。如果这些市场不发达，大量的银行贷款新增的部分用在长期性的基础设施建设，可能使中长期贷款压缩的余地十分有限。

第三，中长期贷款居高不下和中小企业融资难体现了当前商业银行绩效考核中存在的缺陷。

中长期贷款的期限通常是10年甚至更长的时间；与此形成对照的是，一些商业银行的负责人的任期，无论是总行还是分行，通常也就是几年的时间。在严格要求降低不良资产比率的考核约束下，这些商业银行的负责人是有动机发放长期贷款的，因为长期贷款的准确分类难度更大，在出现偿还困难之前，通常容易被视为是正常的贷款。在一任领导人担任银行的负责人时，就可能倾向于多发放中长期贷款来降低不良资产比率，因为即使出现问题往往也是领导人更替之后了。因此，我曾经向有关部门建议，为了抑制中长期贷款居高不下的问题，考虑到中长期贷款风险相对较高，可以对一定期限以上的贷款强制性地要求将贷款划分为次级贷款等，要求银行足额提取准备金，将其潜在的风险反映到当前的银行经营中。

中小企业贷款难实际上也反映了目前国有银行贷款考核上的另外一个问题，那就是对国有企业和民营企业是否一视同仁的问题。中小企业通常是民营企业，现在尽管在正式的法律法规中并没有对民营企业的歧视，但是在实际操作中，如果信贷人员对国有企业的贷

款出现问题,可能会被视为"肉烂在锅里";如果信贷人员对民营企业的贷款出现问题,往往可能会被视为有私下的内幕交易和利益输送。这种观念往往使得部分信贷人员对拓展中小企业贷款市场持犹豫态度。

第四,中长期贷款居高不下和中小企业融资难,还反映了金融创新体制和监管体制存在的缺陷。

从资产负债管理的角度看,中长期贷款居高不下导致的资产负债错配,相应的解决办法,或者是提高资产的流动性,例如资产的证券化;或者是允许商业银行进行主动的负债,例如允许商业银行根据资产运用的期限发行大额长期存单等主动的负债工具,使得商业银行可以自主管理资产负债的匹配,降低资产负债错配带来的风险。目前对于这些金融创新,存在一系列的管制,这凸现出目前中国金融创新的审批机制效率较低,制约了金融机构的创新空间。从目前的程序看,连上海证券交易所推出 ETF 这样已经在资本市场十分成熟的金融工具都需要上交国务院批准,可见目前金融创新审批的管制之严。

另外,针对中长期贷款的居高不下,为什么中国的贷款转卖市场以及资产证券化一直不十分活跃,实际上也反映了监管体制上的缺陷市场。从国际经验看,资产证券化和贷款转卖市场的活跃,有待于资本充足监管约束的硬化。国际上资产证券化的真正活跃,实际上发端于 1988 年在国际金融界开始全面推行的巴塞尔资本协议,要求维持 8% 的资本充足率。目前中国的银行界在资产证券化方面积极性不高,很大程度上显示资本充足约束并不强烈。仅仅以目前已经达到 18 000 亿规模的住房抵押贷款为例,这本来是发展资产证券化的重要基础,但是因为资本充足监管未必严厉,住房抵押贷款从资产质量上对商业银行来说还可能属于质量比较好的资产,因此商业银行往往没有足够的动力来推进资产证券化或者贷款转让,尽管资产证券化和贷款转让可以提高资本充足率并降低资产负债的错配。

在资产证券化推出过程中，不同监管部门之间的协调也开始成为一个十分现实的问题。例如，从资产证券化的不同环节看，中央银行强调的是商业银行的资产负债结构以及整个融资结构的相对稳定，所以强调推进资产证券化；但是推动资产证券化的重要动力之一来自于资本充足监管，这个监管是由中国银行业监督管理委员会负责的；公开的证券发行涉及中国证券业监管管理委员会，而如果保险机构作为机构投资者要投资这些证券，要接受中国保险业监督管理委员会的监管。显然，监管机构之间的协调并不顺畅，是导致资产证券化一直没有推出的重要原因之一。

从上述两个突出问题的分析，就可以清晰地看出中国下一步金融技术进步的着力点所在了。

谨防"扩张的陷阱":保险公司与证券公司的发展之路*

巴曙松:国务院发展研究中心金融研究所副所长
郝演苏:中央财经大学保险系主任

我国证券公司经过十多年的发展,正经历着寒冬的洗礼,期望严冬之后是生机勃勃的春天,证券行业能够进入新的相对成熟稳健发展阶段。与之相比,保险公司目前正处于快速成长时期,发展速度较快,但一些研究者担心,发展太快难免在稳定性上出现偏差。怎样避免保险公司重蹈覆辙,走证券公司的老路呢?就此,国务院发展研究中心金融所副所长巴曙松博士和中央财经大学保险系主任郝演苏教授,围绕着金融业中的两大机构证券公司和保险公司发展状况和发展前景及相关问题进行了探讨。

问题:记得20世纪90年代初期,证券公司发展得非常红火,人才

---

* 原载《上海证券报》2005年2月。

涌入如潮。现在的保险公司发展状况与之很相似。你们认为其中的异同在什么地方?

郝演苏：去年是我国保险市场主体发展迅猛的一年。中国保监会解冻了停止8年的中资保险公司的审批工作，2004年中国保险市场打破连续8年不批设中资保险公司的坚冰，中国保监会一口气批准了十几家财险、寿险、农业险、健康险、养老保险等新公司筹建，有的已经开业，加快了保险外资公司审批步伐。在审批新保险公司时没有数量限制，是成熟一家批一家，新批设十多家保险公司。监管部门对此的发展方向也很明确，今后几年也将保持这种发展速度。最新数据显示，目前中国境内保险公司有61家，24家是中资，37家是外资。外资在数量上已经超过中资。

回顾历史，1996年，当时负责保险监管职责的中国人民银行批准了新华、泰康、天安、华安四家保险公司。此后，除了2000年10月四家专为合资而设的"壳公司"——民生、生命、东方、恒安，保监会就未批准过一家新的中资保险公司。而2001年底内地复业的太平人寿与太平保险，则是以合资保险公司的面目出现的。

保险机构的壮大，不仅从数量上丰富了保险市场的主体，而且促进了保险市场组织形式的多样化。可以说，去年是保险行业主体提速的开始年。如果照这样的速度发展下去，不出5年，中国保险市场将拥有一百多家保险机构。这样的规模可以与鼎盛时期的证券公司相比拟了。

巴曙松：当前，随着保险公司的上市和投资理财型保险产品的发展，保险市场对资本市场的依存度增加；保险公司也已经成为资本市场重要的机构投资者，因此把保险市场与资本市场对照起来分析，很有意义。

总体来说，市场主体的扩张是保险市场发展的一个重要方面，但是还不是全部。实际上，从2004年底的统计看，全国保费收入为

4 318亿元,保险深度达到3.4%,保险密度为332元。保险公司的总资产超过1万亿元,达到11 853亿元。与此同时,保险体制改革的推进也比较快,中国人民财产保险股份有限公司、中国人寿保险股份有限公司、中国平安保险股份有限公司在境外上市,其中中国平安保险公司是中国第一家以集团形式在境外上市的金融保险企业。同时,偿付能力监管等监管举措开始逐步实施。因此,与证券公司快速发展时期相对薄弱的治理结构、相对欠缺的监管体制来说,保险市场进行扩张的市场环境相对要健康不少。

当然,无论是证券市场的快速发展,还是保险市场的扩张,都是在银行占据主导地位的融资结构下形成的。在当前中国的融资结构中,银行业金融机构总资产(本外币)一直占全部金融机构资产总额的95%以上。与此形成对照的是,证券市场和保险市场依然还处于起步阶段。从融资规模来看,2004年全年银行各项贷款新增2.41万亿元,同期境内证券市场的融资仅仅有866.6亿元,保险公司总资产在2004年只增加了2 730亿元。这个融资结构是一个非常不均衡的融资结构,也是一个脆弱性比较强的融资结构,改变这种融资结构,需要保险市场和证券市场相对有一个较快的发展。

衡量金融体系风险的另外一个常用的指标是M2/GDP,值得关注的是,近年来中国的这一指标持续升高,目前达到180%,几乎是国际最高水平。从国际金融监管的经验看,这一指标过高,往往蕴藏着较为严重的金融不稳定因素,东南亚金融危机之前,主要的危机爆发国家的这一指标均居高不下。这一指标的持续上升表明我国的经济增长具有明显的信贷推动特征,而且信贷资产的运用效率趋于下降,风险过度集中于银行体系,全社会资产负债率持续提高,政策性的信贷紧缩对经济运行的冲击明显加大。拓展保险市场和资本市场,改善融资结构,是改变这一状况的根本途径。

中国无论是保险深度还是保险密度,一直都低于发展中国家的

平均水平,是相对较低的,是不是中国就没有保险需求呢?实际上,在我国居高不下的居民储蓄中,相当部分是基于养老、医疗等保障目标,对保险的购买力是毋庸置疑的,但是目前的保险体系难以满足这些需求,使得其被动地成为银行储蓄。

但是,金融行业的发展需要一个相对平稳的环境,华尔街有一句话评价银行业:"你要想知道哪一家银行会出问题,就看哪一家银行扩张得最快"。这也许只是适用于成熟市场,只是适用于银行,但是对于快速扩张的证券和保险行业来说同样有借鉴意义。实际上,证券公司积累下来的许多问题,不是在资金紧张、业务萎缩的时期出现的,恰恰是在业务扩张最快、资金相对充裕的时期形成的。因此,越是加快发展,越要强调风险控制。

德国著名保险经济学家 D. 法尼指出:保险经济的任务在于,提供保险保障以克服风险,从而使一个国家总体经济继续发展的力量得以充分的释放。我们需要关注保险公司的快速增长,更要关注其功能的发挥:目前的保险行业,究竟能够在多大程度上使得中国巨大的经济增长潜力得以发挥?中国的保险行业究竟在多大程度上发挥了经济稳定器和社会稳定器的作用?显然,目前保险行业的发展现实与中国经济对于保险行业提出的要求之间的差距是巨大的。

问题:为什么资本对于保险行业投资会如此钟情?这与当初资本青睐证券行业是同出一辙吗?

郝演苏:资本总是追逐利润的,但如果认识不清,资本也是要付出代价的。

在投资平安保险的过程中,中远集团在六年间年年分红,投资回报率超过 400%。最初参与发起平安保险的招商局,也在 2002 年退出时获得了 10 倍的收益;首钢股份 2001 年出资 1.8 亿元与大连实德集团公司等国内七家企业在上海组建生命人寿保险,两年后首钢股份可分享的所有者权益达到 2.75 亿元,是当年投资额的 152.8%。

而太太药业以 5 000 万元入股大地财产保险,主要是因为其医药和保健品的老本行利润不及保险业。太太药业预测,大地保险有望在 3 年内做到年保费收入 5.4 亿元,预计未来 8 年内平均资本利润率将超过 14%。

总体上看,作为寿险公司,一般有 6—8 年的投资期,但放大到十多年,好的平均每年的回报应该在 10% 以上。财产保险公司也需要 3—4 年的投资期,并且,财产险公司经营业绩的稳定性不高。

因此,有些投资人把现在的保险市场想得太乐观了,仅仅看到现有披露的少数成功案例,而多数亏钱的买卖都没有被曝光。保险市场目前的总体回报率不是太理想,因为寿险公司是需要长期经营的,而财险市场的竞争非常激烈。

所以,有许多资本是没有认清行情就一脚踏进来的,应该算是误入。

巴曙松:究竟是严格控制保险机构的准入,使得保险牌照有很高的"特许权价值"好呢;还是相对放松准入的管制,把重点放到持续监管、动态监管和行为监管好呢?二者之间需要作出一个平衡。

保持过高的准入控制,实际上对于保险监管机构来说似乎更能体现自己的审批权力,放松准入限制体现了一种市场化的进步。目前的问题是,这些机构迅速增长之后,保险行业的人力资源、内部治理等能否适应快速增长的需求?监管能否适应由原来的注重行政审批的方式转向强调偿付能力和保险行为的监管的要求?

纷纷涌入保险行业的资本,实际上是在商业动机的驱动下,推动不同金融行业的利润平均化。目前来说,银行、证券和保险几个行业之间的盈利能力还是有较大的差异,资本的涌入实际上是市场力量在试图拉平这种差距。至于这些资本是否会经历证券公司的发展所遇到的问题,如果从盈利水平看,回答是肯定的。

证券公司的发展给予我们的教训,不能简单地归结为发展过快。

中国资本市场是有远大发展空间的市场,只不过一些市场制度的缺陷抑制了其增长潜力的发挥。证券公司发展的教训在于,即使在证券行业获得暴利的阶段,因为特定的行业结构和治理结构,这些证券公司的管制带来的暴利并没有转化为公司的市场核心竞争力,而是被吃光分光;证券公司缺乏一个清晰的退出机制,监管比较滞后,往往是在证券公司已经资不抵债之后再被动介入,成本很高;证券公司挪用客户保证金等违规行为较为普遍存在,但是却得不到及时的矫正,使得个别证券公司的风险容易扩散为社会风险。

如果我们在保险公司快速增长的阶段,及时完善预警,实行超前的监管制度,为可能在竞争中出现失败的保险公司设定市场化的退出机制,防止证券公司在一个存在明显的制度缺陷的环境下快速扩张,那么,即使将来可能出现保险公司的退出,也是没有多大关系的,这是市场竞争的必然,是保险市场保持活力的必需。

是不是所有这些进入的保险公司都是不太理性的呢?实际上外资的进入可以作为一个参照。2004年12月11日,中国正式加入世贸组织三周年。根据承诺,中国从这一天起取消所有保险及相关服务业地域限制,并允许外国保险公司向外国人和中国公民提供健康险、团体险和养老金(年金险)服务。2005年成为中国保险业全面对外开放的第一年。中国保险业全面对外开放后,外资保险公司可以在我国任何一个城市开设分支机构,并且从事所有与中资寿险公司一样的业务。因此保险市场的快速扩张可以说是全面对外开放之前的"对内开放"的过程,外资的快速进入是一个重要的推动力。根据统计,2004年外资保险公司的保费收入增长45.7%,占总保费的2.3%,在对外开放比较早的城市如广州,外资保险公司的市场份额甚至超过15%。因此,如果快速地进入同时伴随快速的业务增长和盈利增长,这种增长是有实际需求的支持的,关键是保险公司是否有能力在控制风险的前提下争取这种盈利机会,是否拥有核心竞争力来

为公司、为股东、为客户、为社会创造价值。

问题:这样快速度地发展市场主体,有利于保险市场的平稳健康发展吗?证券公司现有的弊端,是否与当初大跃进式的发展有关系?

郝演苏:我对现在这样快速的发展市场主体持有一定的疑虑。虽然保险行业发展潜力看好,但潜在的市场与现实的市场毕竟是两回事。如果现有的发展大大超过了现实的市场,必然带来很多忧患。

保监会之所以按住中资新牌照8年不发,主要是为了让1996年成立的那批小公司迅速成长起来,以时间换这些小公司的成长空间。设想一下,如果1996年以后继续再批新中资公司,就可能出现一批本土的小公司,新华与泰康难以壮大。

另外,由于快速地批筹新公司,60%—70%的新公司股本金不能够完全到账,无法正常开业。并且,由于保险营业执照的价值贬值,使得一些投资的资本需要在其他方面,如新公司人员安排、公司话语权等方面争执不休。我担心,要么新公司因为超长期的组建,最终流产;要么新公司在打打闹闹中出生,今后的日子也不太平。

还有,很多民营的不熟悉金融资本市场的公司进入保险行业,求利心切,有可能出现杀鸡取卵的局面,尽管我们现在已经有了保险保障基金,但一旦出现保险公司倒闭清算,必然给社会和投资者造成很大的影响。倒闭的证券公司不就是先例吗?

巴曙松:证券公司当前的问题,关键还是当初的大跃进发展是在一个有严重治理缺陷和制度缺陷的背景下进行的,问题不在于发展本身,在于发展的质量,在于没有平衡好短期增长和长期盈利能力的关系。

目前中国的保险公司在快速的扩容之后,首先面临的问题,就是要处理好增长与利润这两个关键目标的关系问题。从国际惯例看,增长和利润这两个保险企业的战略目标之间具有复杂的关系,有时是互补的,有时则是互相竞争的。

通常,保险公司在确定增长目标时,需要考虑的是:究竟主要是依赖内部增长还是依赖外部增长;究竟是现有业务领域的增长还是新业务领域的增长;究竟是依赖原有的金融工具增长还是在创新金融工具基础上增长。对于保险公司来说,增长导向的市场战略主要依赖于保险公司能否通过自身的市场行为,唤起和满足新的保险需求,或者是否是追求对竞争者增加压力。

与增长导向的战略目标相对应的是利润导向的战略目标。在保险公司的经营实践中,确定利润战略比增长战略困难得多,因为决定利润的因素众多。从短期乃至中期看,利润目标与增长目标通常是相互竞争的;只有从长期看,可以期待实现利润目标和增长目标的兼容。

因此,不仅是对于中国当前的保险公司,实际上对于几乎所有的保险公司,在实际的经营决策中都必须面临增长目标和利润目标的协调和兼容。理论上比较好的选择是,保持增长和利润这两个目标的螺旋状互动,例如起步阶段强调增长并容忍适度的利润减少;在获取一定的市场份额之后,强调巩固份额基础上的利润上升,随后增长战略重新加强和利润战略重要性退后,出现增长和利润的涨跌互现、相互推高的螺旋状发展。对于保险公司来说,最大的挑战恰恰是在如何实现这种螺旋状的上升,许多保险公司往往容易滞留在一味强调规模扩张的第一阶段,显然是不能持续的。

从整个行业的发展趋势看,在保险市场主体得到快速的扩张之后,面临的一个重要问题就是进行差异化的战略定位。例如,在保险产品谱的设计战略方面,是选择窄而浅的产品谱,还是宽而深的产品谱?在客户导向战略方面,是全面的客户导向还是面向特定的细分市场?活动区域方面是强调区域市场还是拓展全国市场?从成熟市场的经验看,在众多保险提供者的市场上,随着竞争的日益激烈,各个保险人必然会在竞争的压力下从市场平均位置向极端位置移动,

因为平均位置上实现保险企业的目标(尤其是增长目标和利润目标)的程度低于那些位于明显偏离平均位置的企业。从这个情况出发,保险企业需要确定自己的定位特色,逐步远离平均位置。这是所谓的市场分化策略。证券公司在快速扩张之后,业务模式依然高度趋同,没有相应出现分化,是其经营出现整体性困境的重要原因之一。目前保险市场上的产品数量虽然多,但是同质性很高,往往不是基于市场需求基础上的产品创新,而是一种市场已有产品的照搬,这样就很难提供适应中国市场以及中国市场上不同人群的特定保险需求的产品,抑制了保险市场的有效拓展。

特定的宏观经济环境,对于保险市场的扩张质量也有很大的影响。例如,近年来保险公司特别是寿险公司在业务快速发展的同时,存在短期分红型产品占比过高和趸缴业务占比过高的问题。这种业务结构主导的增长模式实际上未来的可持续性较差,甚至有可能酿成现金流严重不足的流动性风险。又比如,当前利率敏感型产品在保险公司的资产构成中占比偏高,保险投资过度依赖利率敏感型产品,所以利率的较小调整和物价指数的变化,都有可能对保险资产的价值产生重大影响。如果不能够对这些风险进行相应的管理,就可能积累下未来的风险。

问题:外资保险公司目前的发展速度已经超过了中资,这在证券市场尚未发生过。请问,这将产生什么样的后果?

巴曙松:实际上,目前证券行业在对外开放中的滞后,是导致其当前经营困境的一个重要原因。过度的保护,实际上使其丧失了竞争力。中国改革开放以来有国际竞争力的行业,都是最早开放、最早直接面对国际竞争的行业。2004年以来,不仅外资保险公司的发展速度快于中资,实际上外资银行的增长速度也快于中资,总体上看,外资金融机构在中国已经基本渡过了世贸的适应期,开始进入平稳增长期。但是,需要注意的是,目前外资的保险公司和外资的银行的总资产份额都不到5%。

这么有限的开放份额给中国的保险市场带来了什么呢？首先就是"鲶鱼效应"，促进了中资保险公司的改革；其次是示范效应和技术转移，以及由此引发的国际规则的学习。

从目前银行、证券、保险三个行业开放的深度和广度看，保险业要高于银行业，证券业开放程度最小。这种格局是基于中国金融市场的现实需求而形成的，同时在一定程度上适应中国金融业开放的风险与收益的权衡。实际上，中国保险市场基础较为薄弱，加上处于转轨期的中国对于保险的需求增长较快，外资保险的加入能够弥补这一巨大的缺口，因而对现有中资保险公司的正面冲击并不明显。可以说，没有及时的开放，保险业不会在如此短的时间内取得如此快的进展。

与此形成对照的是，证券行业加快开放的步伐势在必行。继续维持目前这种低水平重复的行业格局，不会有发展前途。目前外资进入证券行业，采取的都是十分个案式的方式，同时因为严格的业务范围管制，使得其难以有良好的盈利模式，从而影响了外资进入的积极性，因此由此可能产生的对于中资证券公司的竞争压力相对较小。

当然，在原来竞争力相对弱小的保险领域快速开放，也可能带来一些负面影响。例如，在外资金融机构进入国内市场时，往往会选择一些占有公共资源、带有垄断性质的国内企业，利用公共资源参与市场竞争，从而造成对市场公正秩序的损害。因此，在坚持履行保险领域对外开放承诺的同时，需要把保险领域的对外开放与民族保险业的适度保护有机结合起来，重点引进中国保险市场相对较为欠缺，但是又十分必需的健康险、责任险和农业险等方面有专长的外资公司，在地区导向上引导其进入中西部和东北地区，同时要构建一个平等的面向中资和外资的监管平台。

根据风险大数原则、风险选择原则和分散原则，保险公司随市场

细分而进行的专业风险管理职能,有利于稳定金融市场,降低交易成本,提高金融市场的运作效率。外资公司的进入,如果能够提高保险市场的运行效率,对于整个经济运行无疑就会形成积极的影响。

郝演苏:外资保险机构在不断增加。加入世贸组织前,我国保险市场有28家外资保险公司。目前已经达到37家,其中产险13家,寿险21家,再保险3家,另有3家正在筹建。2003年公布的世界500强企业中,共有46家外资保险公司,其中27家已经在我国设立营业机构。

中外合资保险公司与其他组织形式保险公司的不公平竞争值得重视,那些参与合资的外资保险公司将成为最大受益者,民族保险业的根本利益将受到严重冲击。在目前尚无法律对于合资保险公司的组织形式实行特别规定的前提下,要求合资公司的股东数量必须符合公司法的规定,按照股份制公司的组织形式管理和约束合资保险公司。

一些希望充分利用垄断地位或股东优势分享保险市场资源的国内大型企业,在不能直接成立高比例控股的保险公司或自保公司的情况下,利用合资寿险公司组织形式存在的制度缺陷和外资希望尽快进入中国保险市场的心态与外资组建合资公司,从而在法律和组织形式上建立了利用垄断地位或股东优势分享保险市场资源、获得非市场经营利润的平台。

同时,与这些国内企业合资的外资公司以其品牌、资本实力和帮助中方合作伙伴顺利实现这种利益,并且在短期内就可以分享其独资进入市场根本不可及的利润。加上我国对于外资和合资保险公司实行优惠税收政策,造成中外合资寿险公司享有国内股份制保险公司和外资独资保险公司根本不可能同时获得的垄断利润和税收优惠,形成了事实上的中外合资保险公司与其他组织形式保险公司的不公平竞争。

问题:借鉴证券公司发展经验,发展保险公司,最重要的是要发展什么?

巴曙松:对于保险公司来说,证券行业可以提供的教训大于经验,无论是微观的经营层面还是监管层面。

从监管层面看,监管者必须要对监管对象的实际经营状况有准确的把握和了解。在证券行业,只是到2004年一系列证券公司经营出现问题之后,监管机构才意识到,首先必须要完成证券公司的摸清家底的工作,需要有可靠的会计制度基础上的监管信息的采集与分析体系。实际上,这是整个监管工作的基础。保险企业目前的市场主体在明显增多,必须要十分强调这一点,保证监管机构及时掌握准确、全面、真实的监管信息。

其次,从微观层面,不能使市场主体在存在显著的制度缺陷的背景下快速扩张,那样只会使缺口越来越大。在证券公司领域,这表现为国债回购、挪用客户保证金、资产管理中的制度缺陷等。

第三,从法律法规上,要有一个切合实际的法律法规体系和严格有力的法律执行体系,否则就可能使市场丧失信心。例如,在证券市场上,实施证券公司和上市公司破产、惩治大股东和内部控制人掏空上市公司和证券公司、证券公司侵占客户资产等行为都没有相应的法律依据,1997年实施的《证券法》在当前已经迅速变化的市场面前已经可以说是千疮百孔,迫切需要修订。目前保险领域的法律法规同样存在不完善的地方,最为典型的就在于《保险法》的修订。快速发展的保险业与相对滞后的《保险法》,在现实环境中已然构成了一对难以协调的矛盾。作为过渡时期的法律,这部于2002年12月颁布实施的《保险法》的再次修改,注定会成为当前保险业界关注的焦点。例如,现行《保险法》关于保险公司组织形式的规定仅限于两种:一是股份有限公司;二是国有独资公司。但是随着农业相互保险公司等组织形式的创新以及自保公司的暗潮涌动,目前《保险法》中关于公

司组织形式的规定,显然与当前的我国市场已不相吻合,也与国际市场有较大的差别,不符合我国已经加入世贸组织的现实。根据国际惯例,需要增加有限责任公司、保险相互公司、自保公司等组织形式。

第四,市场主体需要形成一个可持续的盈利模式。当前证券公司盈利模式的趋同以及可持续的盈利模式的缺乏,是证券公司面临的一个严峻挑战。在证券公司的几块业务中,投行业务和经纪业务实际上影响有限,证券公司的经营业绩严重依赖于二级市场的投资,无论是自营还是资产管理等,都是如此。这使得中国的证券公司实际上成为了证券投资公司,在二级市场波动剧烈的条件下,证券公司的盈利模式就难以持续下去。可持续的盈利模式需要有良好的公司治理、相应的核心竞争力和相对完善的市场环境。目前来看,保险公司在这个方面的差距也十分明显,例如,对于车贷险等赔付率比较高的业务,采取了简单的拒保的做法。在"第一代"车贷险推出短短的两三年时间内,车贷险经历了由当初的迅速登场,发展到黯然退出,其间保险公司所体现出来的低价竞争、风险控制缺乏、赔付纠纷频生、骗贷事件不断等,都显示出保险公司在风险定价能力、风险控制等方面的显著缺陷与不足,显示中国的保险公司还不会利用价格杠杆进行风险定价,不善于用差异化的费率来市场化地解决这个问题。

现代保险业的金融中介职能已突破单纯服务型的商业化管理方式,开始向金融型经营模式过渡。作为金融企业,保险公司开始形成其独特的、互相联系和互相制约的负债和资产业务。执行分散风险、组织经济补偿职能活动的是其负债业务;而利用负债业务形成的保险后备基金进行融通资金活动是其资产业务。融通资金职能的形成和完善,造成了保险资金良性循环的运动过程。

我国《保险法》对于保险资金的运用渠道一直有严格规定,只允许投资于银行存款、国债、金融债、部分企业债和证券投资基金。目前,改进这种严格的限制十分有必要。例如,国务院常务会议原则通

过的《投资体制改革方案》中也提出鼓励和促进保险资金间接投资基础设施领域。另一方面,我国保险管理体制改革和保险公司经营体制改革的不断深入,保险市场对外开放的扩大,也为保险资金的运用提供了内部支撑。这为保险公司改善盈利模式提供了良好的条件。

郝演苏:从目前看,我国保险公司数量虽然在不断扩大,机构增多,但资本规模小,业务单一,抗风险能力弱。

另外,生存环境恶化,导致恶性无序竞争甚至违规经营。目前全国的保险机构营业分支部门已达到数家,数量过于庞大导致了恶性无序竞争,使市场秩序遭到了严重破坏。此外,有的保险公司为了抓客户,只顾及眼前利益,不顾企业今后的投资收益,明知不赚钱,但还是坚持要做,将风险放大递延。

创新能力严重不足,新的盈利模式难以建立。市场规模在扩大,数量也在不断增加,鉴于一些制度缺陷,保险公司在业务创新上动力不足。但随着市场环境的变化和盈利模式的转变,创新将日益成为各类资本市场主体生存与发展的必然选择,建立以市场为主导的品种创新机制已经迫在眉睫。

当然,发展保险公司,最重要的是要建立健全法人治理结构。

问题:现在保险行业和证券行业都在积极组建金融控股公司。这是行业发展的方向吗?

巴曙松:目前,金融控股公司的发展不仅在中国的保险行业,实际上在银行业、证券业都十分引人注目。金融控股公司的优点在于提供了一个扩展性非常好的一个平台,这个平台能够适应中国金融体制从分业向混业的转型,也能够适应不同金融机构进行扩张的需要。

从金融控股公司所要求的一体化经营和整合管理这一实质而言,国内现在尚未形成一家真正意义上混业经营的金融控股公司,充其量只是形成了金融控股公司组织结构的雏形。同一金融控股集团

在品牌、战略规划、资金运用、营销网络及信息资源共享等诸多方面的协同优势远未得到发挥。特别值得指出的是,当前缺乏对金融控股公司及其监管的清晰要求,其间可能蕴涵一些潜在的风险。

例如,要防范因为不同监管机构之间的沟通欠缺导致的风险。在分业监管的情况下,为避免监管真空,应注重建立不同监管机构之间的高效率沟通协调机制,特别是要注意对金融控股集团内部的核心公司的监管;同时,对于金融控股公司可能出现的紧急性的金融风险,不同监管机构应事前做出预警性的恰当安排。如果不同监管机构之间缺乏及时有效的沟通合作,那么,金融控股公司完全可以通过各种手段以负债资金投资子公司,可以通过各种手段以被银行审查合格的公司为载体从银行融通大量的资金,也可以通过各种手段以金融性公司和非金融性公司进行市场的投机,最终极易引发金融市场的投机泡沫。之所以说这种风险值得高度关注,是因为此种风险从微观主体的具体经营操作的每个环节上看,可能都是合法合规的,是分别符合银行、证券、保险等不同监管部门制定的游戏规则的,但其实质后果往往是产生宏观意义上的风险。

同时,要防范因为监管法律体系不完善导致的风险。只有有了框架清晰的、针对金融控股公司风险监管的法律体系,才能保证金融控股公司能够在预定的法律框架下稳健运行。当前中国的所有正式法规中,还没有对金融控股公司的清晰界定,更无从谈及金融控股公司的监管了。

另外,要关注金融控股公司的资本充足水平及其波动状况。资本是保护债权人免受金融机构经营失败和偿付能力风险的缓冲器,同时也是盈利能力的象征,在金融控股公司体制下,母公司与子公司间的资本容易出现重复计算的情况,特别是金融控股公司的母公司和下属公司之间的复杂的互相持股,可能会在资本充足问题上隐藏风险。与此相关联的问题是,由于金融控股公司内部可能会形成一

系列复杂的投资、借款、担保等信用链条,只要有一子公司经营稍有不慎,其风险就可能迅速传播到母公司或其他子公司。因此,监管金融控股公司的一个重要内容,就是应当参照《多元化金融集团监管的最终文件》中所推荐的度量资本充足率的方法,确立适合不同国家和地区的金融控股公司的度量方法,科学地计量资本充足率,达到准确评价其总体健全程度的目的。

同样值得强调的,就是对金融控股公司要建立及时、有效的信息披露机制。金融控股公司的信息披露包括许多方面的内容,但是其中的重点之一,应当是内部的关联交易状况以及防火墙的建立状况等,应当要求金融控股公司对组织结构和重大的内部交易进行披露,特别是披露那些将对集团财务健康带来不利影响的内部交易,并监测这些内部交易的规模和水平。另外,由于金融控股公司在不同国家和地区、不同行业从事不同的业务,适用的会计准则、会计年度存在很大差别,不利于及时、准确地掌握集团的会计财务信息,因此,应当在金融控股公司的会计并表准则和税法方面制定清晰的规则,增强内部交易的透明度。

郝演苏:尽管保险公司存在各种问题,经过十多年的发展,仍然形成了一些具有一定资金实力、经营比较规范、业绩较好、法人治理结构比较健全的保险公司,这些保险公司是引领保险业未来发展的龙头。而提升保险公司综合竞争能力可行的战略选择,就是以这些具有行业龙头地位的保险公司为主,通过兼并收购,整合行业资源,并在此基础上组建金融控股集团,提升金融业的综合竞争实力。

国家要从战略上控制保险资源和保证国家金融安全的需要,应该建立一支按国际惯例运作、治理规范、风险控制能力强、具有国际竞争力的金融机构,才能有效抵御日益开放条件下国际游资对我国金融市场的冲击,成为稳定市场的重要力量。

同时,这也是拓宽保险行业盈利空间和分散经营风险的需要,应

该跨行业发展,改变保险行业系统性风险过大的缺陷。而组建金融控股集团实行多元化经营,就能利用各行业之间的互补性,有效控制风险,提高经营效率,形成综合竞争优势。

问题:美国大都会人寿保险公司和花旗集团1月31日宣布,双方已经签订了协议,美国大都会人寿将以115亿美元收购花旗集团的旅行者人寿和年金公司,这基本上也是花旗集团的所有国际保险业务。当1998年花旗公司与旅行者保险合并时没想到7年后的今天会放弃旅行者。日前,旅行者保险被花旗集团以115亿美元的价格卖出后,这家合资保险公司与花旗再无关联。花旗集团出售旗下的旅行者人寿及年金公司,标志着金融大鳄花旗已决心放弃大而全、为顾客提供一站式全套服务的"金融超市"经营理念。近几年,花旗集团一直试图摆脱一些给公司收益增长拖后腿的业务,并于2002年开始从保险业抽身。

美国于1999年取消了分离保险和商业银行的有关法律规定,但除2003年5月美国第一银行收购苏黎世金融服务集团的美国人寿业务以外,尚无其他大型银行蹚这浑水。即使像花旗这样当初在国会游说最为卖力的金融集团如今也痛下决心摒弃混业经营。

我们应该怎样看待此事?

巴曙松:银行与保险行业的融合,使得在英语中出现了一个新的词汇,Bancassurance,银行保险业或者是保险银行业。这显示了银行与保险之间的内在紧密联系。

花旗银行退出保险领域,体现的是其专业化的战略,但是这并不意味着花旗就彻底拒绝参与保险市场,只不过花旗银行需要选择一个更符合自身比较优势的参与方式,而不是目前的控股方式。

从国际范围看,银行是否能够顺利介入保险业,主要取决于银行的比较竞争优势,例如,银行是否拥有完善的分支机构网络和低成本的分销渠道,是否有广泛的潜在客户基础,是否有高效率的销售队

伍,是否能够将包销产品与其他金融产品整合销售等。在银行介入保险市场方面,欧洲的银行业做得非常突出,仅仅以人寿保险的销售来看,法国的银行业就占据了60%的市场份额,而其他欧洲国家也多在20%—30%之间。

根据欧洲的银行业与保险业融合的经验,不同的金融机构应当根据自身的不同战略,采取不同的与保险业融合的模式。根据融合程度的不同,银行与保险业融合的模式主要包括:(1)分销合作;(2)战略性联盟;(3)组建合资的保险公司;(4)银行直接组建保险公司;(5)组建全功能的、覆盖保险、证券和银行的金融服务集团。

在相对松散的分销合作和联盟方式下,保险公司可以邀请多家银行共同参与销售保险产品,银行也可以邀请多家保险公司提供不同类型的保险产品,在这一模式下,保险公司向银行支付一定的手续费,但是没有分享到银行所积累的客户基础。这种模式比较适合于中等规模的银行,在这种模式下,双方合作的灵活性高,风险程度低,初始投资也相对较低。在保险公司和银行共同组建合资公司的模式下,银行和保险共组的公司通常会利用银行的分支机构销售保险产品,双方需要共享客户数据,共同开发电脑系统,共同分担员工培训和产品开发等方面的成本。银行也可以在内部设立一家保险公司,采用此种方式的通常是一些大型的银行,这些银行在提供多功能的金融服务方面已经拥有一定的规模经济,在内部设立保险公司可以享有自主运营保险公司的灵活性。另外,一些银行也可能会与保险公司合并,共同组建多功能的金融服务集团。目前花旗银行以专业化的战略选择,退出第五种合作方式,但是如果有利可图的话,花旗银行完全可以参与分销合作等更为灵活的方式。中国的保险公司究竟采用何种方式与银行合作,同样取决于不同银行与保险公司之间的比较优势与商业策略,并不存在一个适用于所有保险公司的统一模式。

操作风险管理成为中国银行业"软肋"*

记者:年初曝光的中行河松街支行内外勾结诈骗案令人瞠目,近年来,我国银行体系内为何屡屡出现高管犯罪的情况?

巴曙松:从风险管理角度看,国有银行近期的一系列重大案件,基本上可以归结为操作风险失控,这一系列案件表明我国现有的银行风险监管系统存在重大缺陷,操作风险管理成为中国银行业的"软肋"。之所以如此,原因众多,但是其中主要包括:过分把精力集中在信用风险管理,而忽视了市场风险管理和操作风险管理;缺乏立体化、多元化的风险监管体系,另外,国有商业银行之所以操作风险特别突出,主要原因之一是从上到下层级太多,但是又缺乏必需的信息技术和风险管理手段,这就在信息传递和风险监管方面产生了一系列问题。

实际上,在操作风险的管理上,全球银行业的经验也并不是十分丰富,2004年颁布的巴塞尔新资本协议才刚刚将其纳入;但是,因

---

* 部分内容原载《中国证券报》2005年3月3日。

为特定的体制原因和市场环境原因,中国银行业的操作风险管理失控问题显得尤为突出,例如对操作风险,在具体管理过程中采用哪种管理模式,该怎么识别、衡量和管理它,谁负责,职责划分都并不清楚,存在一系列制度漏洞。

前几年发生的中行开平支行案,实际上是原来的清算系统存在重大缺陷,使得当事人利用巨大的在途资金等进行资金挪用,后来在电脑即时清算系统建立后才发现这些问题。这一事件也说明,一个庞大的国有银行分支机构网络,需要有即时的信息系统的支持,否则就可能产生较大的操作风险。实际上在国际范围内,在没有网络支持的年代,不少跨国银行一度因为操作风险难以控制而放缓了扩张的步伐;中国银行业在历史上追求规模和市场份额的扩张,使得在没有信息系统支持的背景下放大了操作风险。

国有银行的一系列案件,不仅反映了内控和风险管理方面的缺陷,也反映了监管体制的缺陷。我国金融监管的一大问题是静态化、事后化、强调行政审批和管制,许多重大的风险监管往往依赖于发通知、开会布置,没有动态的、预警的、以风险为导向的市场化处理方式,实际上从目前披露的情况看,中行河松街支行内外勾结诈骗案持续时间较长,但内部审计为什么没有发现,上级机构为什么没有检查出业务运作中的缺陷,当地的监管机构是否尽到了应有的责任?

穆迪和标准普尔这些大的国际评级机构,每年都发布关于中国银行业发展的展望报告。前几年它们认为中国银行业有一个大的缺点,就是因为机构层级过多导致信息的虚假,这也就是操作风险。比如它们质疑中国银行体系不良资产低估的一个重要原因是,国有商业银行层级机构多,一级级向下考核,上级制定的经营目标是不能让不良资产大幅上升,这样一级级向下压,压到最后一级的时候,在对不良贷款进行分类时,就会利用资产分类中的主观因素,有意把不良资产判断的低一点。

另外,从全世界的大规模银行重组、改组过程看,这一过程本身就面临着很大的操作风险,怎么驾驭这个改革过程,怎么稳妥地推进,也是个系统工程。中国银行业在这个时候出现了一系列金融犯罪案件令人痛心,但是坦率地说并完全出乎意外,值得警醒。

记者:中国银行业在运行和监管体系存在哪些问题,应该如何防范金融犯罪?

巴曙松:经过前几年的努力,在中国银行业对信用风险的管理取得一定成绩并进行相应的制度改进后,现在应当把更大的力量应该放在市场风险和操作风险的防范上,当前特别是要防范操作风险。

从案件的处置看,在整个风险的识别、控制和事后的处置过程中,我们必须要从静态的、依靠行政审批的内控,事后处置时过高成本的调动工作组,逐渐转为动态的、以市场手段为主、事前预警的、立体和多元化的内控和风险管理体系,这是一个深刻的转变过程。

实际上,在传统计划经济年代,国有银行内控在计划经济体制下也是有其运作模式的,尽管效率较低,但是操作风险似乎表现的并不突出,因为计划的管制异常严厉,同时主要靠商业银行自己加强管理,靠纪委监察等渠道和工具,但国有银行在商业化改革后,传统计划经济体制下形成的内部控制力量减弱了,新的控制系统没有建立起来,建立适应市场化环境的、独立的内控风险管理机制已成为新问题。

在完善的金融市场中,商业银行的操作风险面临多重监控,使得商业银行实际上处在一个立体化的风险监控体系中,这些体系相互分工,有所差异。具体来说,第一,商业银行在具体的业务流程中要有清晰合理的风险控制制度;第二,要有独立的风险管理部门,对整个风险政策与流程进行风险评估;第三,要有独立的稽核审计部门,对整个风险管理和业务流程进行评估,判断业务的合理性,通常需要直接对董事会负责,以便对管理层进行适度;第四,明确董事会与经

营层之间的权利和责任,合理发挥董事会的监督、制约作用,例如独立董事的设置及其权限、合格的董事的选拔等,要进行恰当地授权,现在我们建立了董事会这个制度框架,但是有待完善的地方很多;第五,监管机构要清楚地掌握监管对象的情况,进行动态化的、事前预警的监督,不能等到出了问题再严厉查处,这样成本很高,影响恶劣,要预警性地在出现苗头和漏洞的时候提出风险警示;第六,要建立一个多元化的中介机构体系,包括独立的会计和审计,由他们进行独立的评估和检查;第七,要有相对透明的信息披露体系,鼓励利益相关者在信息披露的基础上对银行的经营行为和风险状况进行监督。

特别值得强调的是,当前国有银行的信息披露不仅滞后于监管和外部市场约束的需要,也滞后于已经上市的国内股份制银行。金融市场监管的基本理念之一,就是相信阳光是最好的防腐剂,在证券监管中,上市公司之所以要进行强制性披露信息,是因为其牵涉公众的利益,商业银行实际上涉及的公众更为广泛,理论上应该比上市公司的披露更为严格,但因为历史上资产质量水平不高、经营质量低下和信息采集技术水平等的制约,银行的信息披露相当滞后。这样,外部的投资者、专业分析机构和媒体的监督就无从着手。

显然,在相对完善的金融市场条件下,上述风险监控体系是一个完整的、多层次的风险监督系统;当然,在这些多层次的风险约束机制下,也许同样会出风险控制问题,但我们可以很快地发现问题,并且以更低的成本处置这些风险。

记者:中行河松街支行诈骗案对国有商业银行的股改上市会产生哪些影响?

巴曙松:无论在哪个金融市场,无论是银行还是工商企业,如果企业在上市进程中出现巨额的诈骗案件,至少会影响正在密切关注其投资价值的潜在投资者的信心,因此说没有影响是不现实的。

但对于原来一直被作为事业单位管理的国有银行来说,上市可

以锁定国有银行市场化改革的路径，上市不再是在原有体制上的小修小补，而是着眼于整个治理机制的重构，特别是在当前的政策环境下，往往只有通过上市，才能使国有银行真正获得市场化竞争所需要的经营自主权，避免长期所受的行政干扰。

其次，上市会极大提高原来一直讳莫如深、在对公众披露信息方面习惯于遮遮掩掩的国有银行的透明度。中国银行黑龙江分行的诈骗案件之所以在目前如此引人注目，一个重要的原因还是因为中国银行正在积极准备上市，公众对其信息披露的透明度要求更高的缘故。另外，上市之后，必须引入监管机构、机构投资者、会计师事务所和律师事务所等中介机构的监督与约束。

另外，上市能够强制性地在国有银行僵化的经营机制中引入现代公司治理的基本制度框架，在一定意义上说，国有银行的上市本身会成为国有银行改革和强化管理的驱动力之一。

因此，可以确定监管层在国有银行出现重大诈骗案件时还会坚定地推进上市进程。

记者： 您曾经在香港地区以及美国等国际金融市场工作或者学习过，也曾经在国内金融机构从事过具体的风险管理工作，参与了中银香港的重组上市工作，那么，这些海外成熟市场的监管体系哪些最有借鉴意义？

巴曙松： 从操作风险管理的角度看，在过去的两三年里，中国银行系统的多层级、复杂架构有很多改变，但是成效有限，而国际发展的趋势是扁平化、专业化，中间架构不断减少，同时强化信息系统的支持和独立的风险管理体系的配合，这样信息传递失真的可能性也不断减少。例如，对于复杂层次的银行体系中的主资产分类和资产质量的确定，银行内部应当有独立的部门进行，同时要有独立的机构再进行评估。

从国际上来看，以2004年刚刚通过的巴塞尔新资本协议为代表，

银行风险监管主要着重于三个方面的线索,也被称为"三大支柱":第一个是覆盖信用风险、操作风险和市场风险的资本金约束,建立以资本金约束和资本的风险配置为基础和导向的内部风险控制;第二个是外部监管,强调监管机构更为主动地以预警的、市场化的方式,参与到银行整个业务的流程、风险管理政策和方案的评估,建立与金融机构在风险管理方面的动态合作关系;第三个是市场约束,强调提高信息披露水平和透明度,让外部的相关机构主动进行监督和约束。在这个趋势推动下,当今国际金融风险监管的基本线索是:从强调单一化的监管标准转向多样化的外部监管与内部风险机制相结合;从信用风险监管转向全面风险监管;从一国监管转向国际合作监管;从合规导向的监管理念转向风险导向的监管理念。这些都有值得借鉴之处,特别是随着中国银行业的开放程度的不断提高,国际金融业的这些风险管理趋势在中国银行业也会更为明显地显现出来。

寻求中国股市的"政策之底"与"市场之底"*

问题：进入 2005 年，深沪市场指数大幅下跌，沪深综合指数更是双双创下五年来新低。是什么引发了市场的暴跌？是积年之患的再度发作还是其他原因？

巴曙松：原因有几个方面，如上市公司的素质、法律环境的缺陷与执法的力度、筹资与投资的平衡等，但最重要的原因，还应当归结为股权分置问题。

历史地看，1996 年开始的大牛市形成的基础是，当时的种种政策操作，使得流通股有一个含权预期。同时，在当时的市场环境下，上市公司基本不分红，投资者靠买卖价差赚取收益；由于股权分置，二级市场上可流通的股份很少，庄家等机构在二级市场上炒作，而非流通股地人为压价则导致流通股极大的溢价；再加上当时的绩差公司不断掀起重组热，大有鸡犬升天的架势。

但是 2001 年国有股方案出来，从根本上摧毁了此前市场上扬的

---

* 部分内容原载《经济观察报》2005 年 2 月 3 日。

制度动力,打破了流通股的含权预期,可以说这是导致市场持续下跌的关键性原因。

如果真的是坚持流通股与非流通股同股同权的话,那么,实际上现在的市场还没有跌到"市场之底",目前还是在一系列政策维持下寻求"政策之底"的过程,政策的摇摆直接决定了市场的涨跌。"市场之底"在什么地方?在流通股与非流通股自然接轨的价位,香港市场上的 H 股就是标尺之一。我们可以反问的是,如果在当前的水平去除 A 股含权的心理预期,无论这种权利的大小、实现形式如何,目前的所谓"政策之底"还能够维持吗?显然是不可能的。

近年来导致市场波动的因素很多,但是十分关键性的因素,就是因为针对股权分置的政策,有意无意地在流通股究竟是含权还是不含权之间模糊和摇摆。经常有人说中国股市这个下跌的过程,就是挤泡沫的过程。我不主张在没有考虑制度因素之前就贸然断定中国股市是否有泡沫。但是,目前市场的持续下跌,实际上就是要由流通股股东来承担 1996 年以来 A 股含权预期下市场上扬形成的成本以及大量上市公司的大股东、证券公司掏空上市公司和证券公司形成的资金缺口。

在目前的股权分置条件下,流通股股东和非流通股股东的利益并不一致,而像香港市场上,长江实业的股票价格持续低于每股净资产时,李嘉诚先生就会回购股票,在这一点上,流通股和非流通股的利益是一致的。

即使市场跌到目前的水平,可以发现,期望排队上市的企业还是有很多,由此可见,市场的天平何等明显地偏向筹资者、偏向非流通股股东。股权分置强化了这种利益的分立与冲突。

"国九条"正式提出解决股权分置问题,提出三个原则,也就是有利于市场的稳定和发展,用市场化的手段解决,有利于保护投资者、特别是公众投资者的权益,这是值得肯定的。但是,目前的解决方案

并不明确,而市场讨厌不确定性,所以才形成恶性循环,形成资金链断裂、资金离场、新资金观望,从所谓"推倒重来"变成了现在的"推倒不来"。

所以说,市场大跌不是哪一个方面的原因,但最主要的还是股权分置问题,是对流通股股份性质的不同回答而调整的结果,属于体制性风险。

问题:股市应该是一个国家"经济的晴雨表",但现在的中国股市越来越和宏观经济走势背离,你如何看待这个现象?

巴曙松:因为香港股市上的上市上司的收益日益依赖于内地市场,我觉得其实香港股市更能代表中国的经济变化,比如2004年3月,香港股市已经见底回落,就是意识到宏观调控的影响,而内地市场到4月中旬才开始调整,到8月左右,香港股市已经意识到此次宏观调控是局部的紧缩,不是全面紧缩,所以开始回升。

与此形成对照的是,中国股市往往是体制改革和对体制缺陷进行弥补的"晴雨表",而不是经济的"晴雨表"。每一次大的行情的发动,都是监管者对体制缺陷进行改革所引发的。

现在市场都在观望,究竟中国市场的底部在什么地方?寻求底部,应当区分"政策之底"和"市场之底"。

在指数存在一定失真的情况下,简单的整数点位等实际上只具有心理底部的作用。在目前的低点上,我认为还是有"政策之底"和"市场之底"的区分的。下一个"政策之底",就是当前的市场低迷是否会导致大面积的证券公司退出和经营失败。中国的证券公司不如叫做是证券投资公司,主要的盈亏基本上都是来自二级市场投资,不管是自营还是委托理财。如果将证券公司的不同类型的二级市场投资的头寸乘以市场下跌幅度,再与其净资产进行比较,就可以清晰地看到证券公司的剩余的风险承担能力还有多大。在2003年和2004年的市场指数水平,已经是证券行业的全行业亏损,继续下跌如果到

130家证券公司中有100家经营失败,可能不是容易被各方接受的水平,那这个水平实际上就是"政策之底"。这也促使我们需要反思证券行业的行业结构、治理结构。

继续往下,实际上还有一个"市场之底",这就是流通股股价与非流通股自然接轨,实际上就是A股向H股靠齐,那么由此带来的体制转换成本及市场混乱带来的成本,实际上都必须由流通股股东来独立承担了,这些流通股股东实际是承担了国企改革成本、股市制度调整的成本、政策调整成本等。实际上,目前股权分置问题拖延越久,市场下跌越持续,流通股承担的成本就越多。

不过,从"晴雨表"功能看,如果剔除那些ST、PT、亏损股票以及以前捆绑上市的股票,现在的蓝筹股或者核心资产,股价波动、经营效益等还是与宏观经济的变化相一致的,特别是一些周期敏感行业的上市企业。

问题:你怎样理解中国股市的游戏规则,其制度建设和政策出台是否与市场的发展目标一致?

巴曙松:金融界现在开始强调金融业的生态环境,例如银行不良资产是否还可能继续大面积形成,实际上不仅取决于银行的内部风险管理,还取决于外部的信用状况、法律环境等。股市也是这样。

中国的股市,是一个新兴加转轨的市场,监管者不仅需要负责监管,而且还有发展市场的重任,由此带来的客观效果,就是监管机构对市场的影响越来越大。

股市的生态环境之所以不断恶化,主要原因之一在于法治不完善。证券市场上的根本大法《证券法》亟待修订。1997年出台的《证券法》是在当时特定的市场环境下形成的,管制的条款多,需要根据新的市场环境,补充更新的内容。例如,现在上市公司和证券公司破产、惩治内部人或者大股东掏空上市公司、证券公司侵占客户资产,等等,这些方面都无法可依,相关的一些惩处力度偏小,对于违法者的威慑力不够。

问题：市场主体的多元化，尤其是外资的进入，对现阶段的中国股市起到的是怎样的作用？

巴曙松：外资的进入包含不同的内容，例如海外上市公司的进入、海外证券公司和基金公司的进入等。

对于海外上市公司的"海归"，在股权分置没有解决前，盲目地开放，实际上起到的是逐步打破A股含权预期的作用。这对于市场预期的冲击是相当大的。

但是，外资券商和基金公司的进入，是有积极作用的。回到五年前，从竞争力看，当时最差的是保险公司，证券公司并不差。而现在到了后过渡期，发展最快最好的是保险公司，其实是银行，证券公司反而最差了，这就是由于过度的保护使得证券公司缺乏外部的压力和改革的动力，证券公司高度同质化。考虑到证券公司特定的治理结构，许多证券公司实际上对于监管者来说往往是"不可监管"的监管对象。

外资证券公司和基金公司的进入无疑会带来制度创新，产生"鲶鱼效应"，如果现在外资证券公司的市场份额达到20%，我们市场上的许多缺陷可能就不会如此触目惊心。但是现在外资进入有限，主要是个案式的，业务范围也受到限制，下一步需要进一步加大证券行业的开放力度，促进整个行业的重组和竞争力的提高。

问题：2004年年底，曾经发生过估值论和中国股市本土定价权丧失的争论，很多人士都认为这些因素导致了股市的持续下跌，你是否赞同这样的观点？

巴曙松：任何一个市场，不可能因为哪一种争论、哪一种观点就导致大涨或者大跌，关键还是市场本身的体制缺陷问题。

2004年底的所谓本土定价权丧失的争论，实际上争论的是A股究竟是区别于香港H股的含权股票，还是与其一样的股票。实际上

当时的一系列政策导向,指向的是同股同权。这是问题的实质所在。

从国际市场看,上市公司所在的市场应该有主导性的定价权,这主要是因为本土投资者熟悉公司,了解公司业绩和经营状况。

由于海外投资者对新兴市场和公司许多方面的了解不确定,他们的定价肯定会打一个折扣,所以新兴市场的市盈率通常比成熟市场低。现在大家总认为,由于中国经济的高速增长,股市的市盈率就应该维持高市盈率,这是不对的。

问题:股市的现状延续下去会否威胁到整个资本市场的安全,进而影响中国金融改革的进程?

巴曙松:肯定会产生显著的影响,而且目前都低估了这个影响。

目前,间接融资尤其是银行方面,承担了融资的主要风险,直接融资不发达,导致每次经济调整一般是银行的不良资产大量上升的时期。股市应该是分散风险、促进技术进步和经济结构调整的必要条件。反观美国的证券市场和股市的互动过程可以发现,美国经济发展历史上的每一次重大的技术进步和结构调整,例如铁路、电报、和近期的新经济,大量的风险由千千万万的全球投资者共同承担了,同时促使了一个新的增长动力的形成。

问题:有不少人最近提到"股市殖民化"的概念,中国股市在这样的时候,应该怎样走下去?

巴曙松:这要区分不同的含义。

如果所谓"殖民化"指的是不考虑中国股权分置的制度缺陷盲目将中国股市的定价与海外市场定价进行比较,那是需要坚决反对的。

如果"殖民化"指的是股市应当对投资者提供与其承担风险相当的回报,股市应当建立保护投资者利益的一系列法律法规和监管制度,建立约束上市公司和证券公司行为的监管制度,那么,这种"殖民化"可能是所有的证券市场都会面临的趋势。

中国股市的下一步,应是恢复其本来的功能,就是不再仅仅强调

筹资而忽视投资功能,即使在股权分置问题解决之后,中国股市依然会存在大股东与中小股东之间的矛盾和冲突,股权分置问题的解决,实际上只是解决了流通股与非流通股之间的利益冲突,这个冲突的解决缓解了流通股股东的弱势地位,但是中小投资者的弱势地位依然是一个客观的现实。中国股市的发展历程已经表明,保护中小投资者,就是保护整个市场的未来。

资本监管引发中国金融市场大变局*

主持人：曹凤岐　北京大学金融与证券研究中心主任
主讲人：巴曙松　国务院发展研究中心金融研究所副所长

曹凤岐：今天我们请到了国务院发展研究中心金融研究所副所长巴曙松教授给大家做讲演，大家欢迎！

巴曙松教授对金融有很深的研究，不仅研究金融的理论，也做金融的实践。今天巴曙松教授就资本监管对中国资本金融市场影响的问题给大家谈一些自己的看法。

下边我们就再一次以热烈的掌声欢迎巴曙松教授给大家讲演。

巴曙松：非常感谢曹教授的邀请。我曾经在北京大学就读，对这个学校有很深的感情，很乐意有机会与大家交流。

我介绍的主题是：资本监管正在引发中国金融市场大变局。细

---

* 2004年11月12日在北京大学光华管理学院203教室举办的北京大学金融与证券研究中心湘财证券资本市场高级论坛（第42期）的讲演。

心的同学可以发现,目前中国在金融市场、金融体系里边正在出现的一些引人关注的重大事件,我们都可以从资本充足监管这样一个线索、这样一个角度找到逻辑支持。

现在我们的金融监管领域,在经过银监会分立之后,银行监管机构变成了一行三会:人民银行,证券、保险、银行三个监管机构。每年不同领域的年度金融工作会议,各自的风格和工作重点都不一样,差异很大。比如2004年初的金融工作会,保监会重点讨论的就是怎么加快发展,扩大保险的渗透力,一个让我印象最深刻的案例是,重庆开县天然气泄露事件,给人民的生命财产安全造成了重大的损失,给企业、当地的居民造成了巨大的损失,在国外的重大自然灾害里边,通过保险这个系统所获得的赔偿和支付,大概有百分之四五十到百分之六七十,所以"9·11事件"爆发之后,股票跌得最厉害的是保险公司。但是重庆这个天然气泄露事件,整个保险系统的赔付20万元不到,所以目前保险系统十分强调扩大保险的渗透力。2004年证监会讲的思路比较强调把改革的力度、发展的速度和市场的发展速度结合起来。银监会则重点强调国有银行改革。但是,从具体的监管政策导向看,这些监管机构开始不约而同地从不同的路径、从不同的角度提出了一个共同的问题,这个问题就是对资本充足的监管,如何解决金融机构的资本配置效率问题,如何解决资本金严重不足的问题,等等。

从银行系统看,目前总体资本金严重不足,即使不考虑准备金缺口,依然是不足的。如果按照五级贷款分类足够地提取准备金,缺口会更大。我们银行贷款原来的财务系统是一逾两呆体制,准备金提取到1%就不提了,所以使整个准备金严重不足。1998年开始尝试推动贷款的五级分类,就是把贷款分成五种类别:正常、关注、次级、可疑、损失。通常的国际惯例是不能为分类而分类,分类的主要目的是针对不同级别的偿还能力,保障银行系统的稳健性,保障我们公众存

款人的资金安全,所以必须非常保守和稳健,在它出现不良的时候,哪怕还没有违约就要提取足够的准备金。

从海外的经验看,例如香港,如果出现第五级的不良资产了,就要提取100%的准备金。如果是四级,将提取不低于75%的准备金,第三级则是至少提取25%。如果准备金足额提取,这样一个银行系统相对来说就是比较稳健的系统。

大家如果有兴趣可以到网上查一下,比如香港银行业这几年的年报,我个人认为从一个好的商业银行的年报中能够学到比一个货币银行学的教科书更多的而且是鲜活的东西。香港的金融市场,由于1997年亚洲金融风暴之后整个经济结构调整,所以经济增长的动力不是太充足,但是它的银行系统盈利状况近几年回升得非常快,存款没有什么增长、贷款没有什么增长,盈利从哪里来?我们内地的银行经营收入90%来自于存贷的利差。仔细看,原来是由于在经济调整时期,根据资产质量状况,足额地提取了足够的准备金,所以当整个香港经济出现复苏,楼价开始回升,以楼价做抵押的贷款,重新从四级回到三级,准备金就可以节省一部分,回拨回来,这就形成了香港银行系统盈利的非常主要的来源。

因此,一个真实意义上的资本充足率,必须充分考虑资产负债表的真实状况。我们提取的准备金不足,所以很多海外的学者耸人听闻地讲中国银行业已经破产,有对的地方,也有不对的地方。在目前环境下,实际上国家承担了整个最终的风险,国家成为一个隐含的担保者。所以当时的不良资产导致的资本充足率不足的问题并不明显,如果我们要真正实行开放下的金融监管的话,资本充足率会成为非常充分的指标,如果我们要从资本充足这个角度考察,从理论视角来切入的话,我们会发现,实际上我们的国有银行的改革,几乎所有的思路,基本上都可以说是围绕着资本充足率来做文章的。

首先,把这些虚的资本做实,把这些资本补充不畅的渠道开拓出

来。把资本追求回报的考察机制建立起来,把维持资本充足8%以上的资本维持机制建立起来。从这个角度来说,大家可以逐条对照我们目前进行的中国银行、中国建设银行的改革,基本上都是这样的逻辑。

目前正在进行的中国银行业改革是一次投入了非常大的一笔公共资源的改革,真正的耗费,如果全部完成不会低于1998年的资产剥离和注资,绝不仅仅是450亿美元的注资那么简单。这次我们中行、建行的改革大致的思路,其实未来的几家银行的改革大致思路也是如此。第一,就是把建国以来在我们的中国银行和建设银行账面上积累的所有的资本金,全部用来核销不良资产。目前核销的还不够,只够真实的资产负债表里边的贷款五级分类大概五级的状况。其次,把多年来累计提取的准备金全部用来核销不良资产。第三,近几年中国的银行业的信贷增长得非常快,利润增长也非常快,所以通常盈利。中行、建行这几年都是500亿以上,它的盈利经过财政部的批准全部用来核销不良资产。不良贷款里面还有三级、四级的贷款没有处置,怎么办呢?就是通过央行发行央行票据进行补充。经过这么一个全面的清理之后,这个资产负债表还是比较干净的,可以拿出来见人的,可以用来计算真实的资产负债比例的,但是此时的资本金实际为零。然后再注入450亿美元的外汇储备,同时根据公司法的要求,我们中央银行不能直接持有国有银行的股份,所以专门成立了一个中央汇金公司,来代表国家持有这两家银行的股份,来监督、考核这个资本的回报,和维持资本充足的能力。

所以大家可以看,国有银行的改革思路基本上是围绕着资本充足监管的理念推进。

同样在证券市场上,在市场环境低迷的时候,大家可以看到,像2004年初正好是不太好的时候,很多证券公司不太好意思披露资产负债表,但是如果参与到银行间同业拆借市场不披露不行,所以我们

根据当时年终披露的报表可以大致测算损失状况,其实在当时低迷的情况下,基本可以判断整个证券行业已经全行业亏损了,2004年从趋势看整个证券行业出现全行业亏损也基本上可以确定了。这也就提出了一个资本充足监管的问题。

在目前的市场条件下,中国的证券公司不是一个一般意义上的投资银行,真正的投资银行业务就是发行、上市、并购等,目前它们在整个证券公司的收入来源中占的比重不大,交易业务占所有业务的比例也不大,所以一个证券公司主要的收入、主要的损失都来自于它在二级市场的投资,委托理财也好,自营也好。在某种意义上中国的证券公司是一个证券投资公司,通过股东有限的资本进行进行高风险的放大投资,对二级市场波动的反应非常敏感。所以它在市场低迷的情况下,由于没有形成有效的进行自我风险约束的机制,导致风险容易出现失控。

同样我们的保险领域也是这样,不过类似的监管要求在保险领域视为偿付能力监管,因为历史的包袱和原因,使得偿付能力严重的缺乏,也使得类似的监管很难真正地实施起来。

随着中国金融改革的深化和金融业的开放,可以看出,在未来一段时期内,几乎所有金融行业都会面临一个最大的挑战,就是资本充足监管,这就回到金融机构经营的本位。一个金融机构的实质是什么?是谨慎地运用资本,同时通过这个资本承担风险、识别风险、管理风险,然后来获得收益。在原来,我们的金融机构,作为一个不考虑风险、不考虑资本的机构,它是一个行政机构,不是严格意义上的金融机构,它只要考虑规模就够了。

2004年10月28日,中央银行在谨慎加息0.27个百分点的同时,还有一个对未来的金融市场影响和振动更大的动作,就是取消了贷款利率的上浮幅度,这就对金融机构的内部风险管理能力和风险定价能力提出了挑战。简单地说,对于利率的浮动,银行是否能根据风险进行合理授权？目前的银行，在利率授权上最为习惯的就是，局级行的浮动权限范围是多少，处级行的浮动权限范围是多少。这实际上是行政导向的风险管理理念。作为一个商业银行说，不考虑风险水平、风险对象，仅仅强调上下浮动的数字幅度是没有意义的。什么有意义呢？银行是经营风险的企业。对于不同风险级别的企业，它的上浮幅度是不一样的，对于一个好的3A的优秀企业，你上浮没有意义。对于一个已经是严重违约的评级为3C的不良企业，它的授权应该是完全不一样的。作为一个规范的、真正的商业银行，会怎么授权呢？会对客户进行评级，对不同的经理人员的管理风险和业绩进行评级，然后相应地设立授权系统。

这就是我今天打算强调的第一点，中国目前尽管不同的金融机构所面临的问题会有很大的差异，但是在未来的几年内会面临着一个共同的问题，就是资本充足监管和资本对于整个业务发展的约束会越来越强烈，现在有哪些人会意识到这些问题？有一小部分已经上市的银行，比如像招商银行等压力最大。原来在计划经济体制下，我们的商业银行没有做资本计划，但是资本的充足率、资本的监管，才是金融机构最核心的基石。未来的整个银行业、中国的证券公司也会面临类似的问题，一个证券公司不能再仅仅靠有限的资本金就可以无限量地进行借贷、委托理财这种业务，他要受到约束，所以不至于像我们现在的证券公司那样，频频出问题。

资本监管这个概念的引入来自于巴塞尔资本协议，这就是我讲的第二部分，资本监管的来历。

巴塞尔资本协议是什么呢？巴塞尔是瑞士、德国、法国三国交界的一个小城，但是山不在高有仙则名，很小的地方，但是因为有国际清算银行和巴塞尔委员会在那儿，所以我们都知道。

巴塞尔委员会怎么成立的呢？因为全球的经济体系已经日益的一体化了，金融系统之间的风险也高度一体化了。原来各个国家的

金融机构、监管机构还没有意识到这么一个现实,基本上延用的是各家自扫门前雪,各家都不一样。那个时候只有美国有自己的资本充足要求,开始是4%,后来是6%,大家知道资本是最昂贵的资金资源,一定比例的资本充足率在某种意义上是对银行的一种特别的税赋。这些资本充足监管比较严的国家,银行的国际竞争力就处于不利的地位,没有资本充足率的国家则相反。前段时间我陪几个外国专家到长沙一家商业银行考察,问所有的指标那些专家都摇头,问股本回报多少,说100%,因为资本金严重不足,所以对股东来说回报很高。当时的各个国家也是这样。各个国家一开始没有意识到风险,后来出现了问题。

促使各个国家不得不面临现实的是,在金融机构全球化的同时风险也全球化,跨国公司在把产品推向全世界的时候也把风险推向全世界,原来一个很小的事件在新的全球化的时代会形成一个更大的事件,当时德国的一个小银行赫斯特银行,规模足够得小,可能还没有现在一个城市商业银行的规模大,但是因为参与了国际清算系统,它的倒闭导致了一个规模不小的国际金融体系的风潮,出乎所有人的意外,就像蝴蝶效应一样,北大的一只蝴蝶闪动翅膀导致云南的暴风雨,同样的,那样一个小银行,参与到全球的体系来了,结果后来倒闭时,对其他的上家和下家产生了一连串的冲击很大的效应,这促使了金融监管的国际合作。

第二个事件,当时欧美发达国家的商业银行大量向拉美进行借贷,拉美国家出现了债务危机,背上了非常严重的不良资产的包袱,开始第一次意识到信贷风险,开始第一次意识到资本金不充足。于是在瑞士的边境小城成立了国际清算银行,成员主要是10国集团、OECD这些发达国家,最开始成立应该是12个国家,商量一下,说我们定个办法,大家共同约束一下。工作了十多年,到1988年才出台了一个办法,叫巴塞尔资本协议,这个资本协议的内容异常得简单,就是两条。

第一条,就是商业银行的资本充足率不能低于8%。

第二条,关于资本结构的制约。资本分成两级,核心资本和从属资本,或者叫附属资本。核心资本占总资本的比例不能低于4%。

就这么简单的两条,这么多专家工作了十多年,但是同学们不要小看这两条,这是国际范围内大家首次共同认可的银行风险监管的原则,以前大家是自说自话,但是这是第一次形成共同语言。

自那以后,就这么一个小小的条例的实施,极大地改变了金融业的格局,大家如果留心到图书馆去借一下这几个国际知名的金融杂志,在巴塞尔协议之前占据全球银行业排名前列的都是规模很大、资产规模很大、人员很多,资本未必很充足的这些银行,巴塞尔资本协议的推出改变了这个格局,一大批规模并不大,但是资本管理非常到位、非常精巧,风险管理非常独到的银行脱颖而出。最有代表性的就是汇丰银行,汇丰银行在1992年初还是很小的银行、区域的银行,远远不像今天具有全球的影响,充其量在亚太区是有影响力的。在1992年之后,汇丰银行利用资本充足监管带来的银行调整的时期,迅速地崛起,成为全球的知名银行。显然,我们几乎也可以得出类似的结论,那就是,中国未来实施严格的资本充足监管,会引发中国金融业的洗牌。

到了资本协议1992年实施之后也产生了一系列的问题,这个问题是什么呢?巴塞尔资本协议的优点是简则易行,但是缺点就是太简单了,不具有复杂性和多样性,不够精巧。最典型的就是,在1988年的协议,仅仅覆盖了信用风险。在当前国际金融市场迅速膨胀的今天,仅仅考虑信用风险是不足的。最有典型意义的就是巴林银行,巴林银行如果按照1988年巴塞尔资本协议的资本充足率计算办法的话,倒闭的前一年,资本充足率是在18%,远远高于巴塞尔资本协议要求的8%的水平。但是真正导致百年老牌的皇家银行一夜之间灰

飞烟灭的不是信用风险,是市场风险和操作风险,是因为交易期货导致的市场风险,还有利益岗位没有实行真正的分离导致的风险。

所以我想说的是,1988年的协议有它非常巨大的作用,是全球金融监管庞大的共同语言体系的第一块砖,但是也有一些缺陷,只覆盖信用风险,不覆盖市场风险和操作风险,在一个银行已经足够复杂,在一个银行已经深深介入到金融交易的背景下,不考虑它们是不行的。

其次,它有一个非常大的缺陷,那就是没有充足地考虑到不同的金融机构、不同的风险管理能力、不同的客户风险的多样性,1988年的协议的毛病,通常的说法叫做"一个尺寸适应所有的人"。比较好的银行和比较坏的银行都是一样的标准,比较好的客户和比较坏的客户都是一样的标准,哪一级的商业贷款风险权重都是100%,没有激励银行改进它的资产质量。

随着金融市场的发展和金融监管体系的演变,再加上我们现在金融监管理论、信息理论研究的深入,一个所谓的在信息不对称状况下激励相容的框架开始运用到新的监管框架来,我认为这是整个新协议里面非常大的创意。

新协议重大的变革表现在什么方面呢?

第一,从原来主要覆盖信用风险,增加到市场风险和操作风险。什么是操作风险?因为程序不当、因为外部事件的危机、因为舞弊所导致的风险。现在看来,有的国际机构认为,中国的金融监管机构对于信用风险和市场风险的危险性,已经有足够的认识,所以被认识到的危险并不是最大的危险,最大的风险是那些还没有意识到的风险,对于中国的银行业来说这些潜在的最大的风险就是操作风险,因为中国的金融机构,特别是国有金融机构,它的等级层次,在目前比我们政府的等级还要多一两个层次。

我记得那时候一家国有银行有非常响亮的口号,听起来特别激动人心,各省、各地市行,2004年的不良率,谁要上升就让谁下台。在这种考核下,我说肯定下降,你想让它降几个点就降几个点。显然,基层负责人在强大的考核下,他们有天然的低估不良资产比例的倾向。如果从规范的风险管理的角度说,叫做操作风险。

第二个非常重大的改变就是激励相容。现在的监管框架大概的思路就是,我作为监管机构承认一个现实,就是信息的不对称,我对于你这个银行的风险状况和管理风险能力的了解不如你自己了解,没有银行的经营管理人员了解。在新的资本协议中,对于每种风险给了难度不同的评估方法,难度越高的管理风险方法,计算出来的资本充足所需要的资本金越少。意思是,既然你通过选择,选择了难度比较高的风险管理方法,而且经过监管机构评估是合规的,那么你的风险管理能力就确实高,既然你高我还要那么多资本金干吗。而难度比较低的,实施起来比较简单,甚至对现有的体系不用做太大的改动,这种方法所需要配制的资本要高,我们刚才讲了资本是最昂贵的资金来源,资本比率要求高,对于银行来说就是增加了压力。

这意味着什么呢?意味着一家采用复杂的风险管理的银行,它在做同样一笔业务的时候,所需要的配制的资本金比原来要少。这就意味着做同样的业务,一个风险管理水平高的银行需要的资金少。

第二点,贷款的定价要考虑资本配制的成本。比如说一个100万的贷款,在标准法,或者比较低的标准方法里面,它的风险权重,商业性贷款是100%,资本充足率要维持在8%。一个100万的贷款乘以100%的风险权重,就要配置8万的资本金。如果在标准法,或者在新的巴塞尔资本协议这个范围内,用内部评级法,评的是比较好的客户,风险权重就是40%。比如我们贷款,一级客户和五级客户,在旧的协议里面风险权重都是100%,新的协议则显著拉开了差别。一级贷款好的客户是20%的权重,五级150%都有可能。如果采用内部评级法,在贷款定价上意味着什么?我们不考虑其他任何方面,仅从节

省资本金的角度说,就是100万的贷款乘以8%的资本充足率,再乘以20%的权重,1.6万,节省了6.4万。资本是要求回报最高的一个资金来源,大家知道国际银行业根据股本回报的水平区别好银行、坏银行大概的标准是多少? 12%是一个比较稳妥的指标,但是通常用得更高的是15%。6.4万的资本乘以15%的回报,意味着这笔贷款,好的银行可以多赚9 000元钱,或者说它可以用9 000元的杀价把好的客户抢过来,这是我们所真正担心的。未来的一些比较好的银行,在实施新巴塞尔资本协议之后,可以用比较少的资本、比较高的定价能力跟中国银行业争夺这个市场,这可能是我们未来中外银行放开之后真正的竞争点。

2004年的新协议,通常有三大支柱之说。第一个支柱,延续1988年的资本要求,为资本充足监管。

第二个支柱,外部监管。就是说外部的监管机构,不能再被动地拿着8%的资本充足率做尺子,原来的监管机构是非常被动和消极的,就拿8%的资本充足率尺子量,够了没有你什么事,现在要主动地评估银行的内部风险模型方法是否准确,是否有足够的样本,参数的选择是不是对,模型的设计是不是对。

第三大支柱,市场约束。通过这些市场主体来监督、来约束这些银行运行的行为。

从金融监管的角度看,上市公司要信息披露,背后的理论逻辑是什么? 就是因为上市公司动用的是公众的资源,成千成万的股东,所以你必须要向他们报告你经营的怎么样,你怎么用我的钱,这是强制性信息披露的根本来源。让投资者了解你的经营状况,让媒体监督你的状况。从这个意义上来说,对商业银行信息披露的要求应该比对上市公司更严格,即使是一家不上市的银行。为什么呢? 因为它所动用的这些公共资源,涉及公众的广泛度和外部性,显然显著地高于上市公司,但是长期以来我们银行的披露是严重不足的。要到各大银行网站找有用的信息进行规范的财务分析,基本找不到,要这个数字是机密,要那个数字也是机密,使得对他的监督和约束无从谈起。

2004年中国银监会发布的商业银行资本充足管理办法,其中就借鉴了这三大支柱的内容,第一个支柱里面没有充分地借鉴新资本协议的精髓,就是没有让好银行提供一个多元化的选择,但是在强化信息披露、在外部监管方面是有进步的,是借鉴了新协议的要求的。

下面,我重点讲讲新协议对于中国银行业的挑战。

当前,影响全球金融界最为深刻的风险管理原则,当属巴塞尔新资本协议。这个新的协议经历了相对长的酝酿时间。1999年6月,巴塞尔委员会提出了新资本协议的草案,向全球金融界广泛征求意见。在随后的六年里,新资本协议一直是国际金融界讨论的重要问题。同时,巴塞尔委员会在全球范围内组织了三次新资本协议对商业银行资本充足率的定量影响测算(QIS),并先后于2001年1月、2003年4月公布了新资本协议第二、第三征求意见稿。2004年6月26日,巴塞尔委员会在国际清算银行(BIS)的官方网站公布了新资本协议的最终稿,新资本协议将于2006年底在10国集团开始实施。25个欧盟成员国、澳大利亚、新加坡和中国香港等发达国家和地区也表示将利用新资本协议对商业银行进行资本监管,部分发展中国家如南非、印度、俄罗斯等也将采取积极措施克服困难实施新资本协议。新资本协议在全球主要金融市场的实施已成定局。

目前,尽管中国银监会对新资本协议的实施制定了"两步走"和"双轨制"的策略,但是从金融监管和风险管理的实际运作看,对于巴塞尔新资本协议可能带来的冲击认识还并不充分。

1. 确立资本管理理念的挑战

(1)资本管理是资本协议的一以贯之的线索。在市场经济条件下,监管当局将资本看做银行的最后一道防线。当银行风险管理尚不完善,准备耗尽的时候,资本可以吸收损失从而防范银行倒闭。决定合适的资本水平是巴塞尔委员会努力的目标。

（2）银行存贷款业务的大起大落，缺乏资本约束是一个重要的原因：从惜贷到快速的贷款扩张，体现了缺乏资本约束的内在稳定因素下的银行资产的负债运行。

（3）确立资本管理理念的挑战：持续增加资本金的压力，将制约资产的扩张，拓展资本金渠道。

（4）新协议深化了对于资本的认识，力图使银行的资本要求与银行面临的风险紧密联系在一起，允许银行更多地根据自身的风险判断来决定资本水平。

2．不仅是对大银行的挑战，也是对中小银行的挑战

（1）不仅仅应用于大型银行、国际活跃银行。

在国际金融协会第十五届年会的讲话中，西班牙银行行长、巴塞尔银行监管委员会主席卡如纳强调，为了保证新协议世界范围内的适用性，委员会努力寻找平衡的方法，这一方法可以适用于国际性的银行，同时也可以适用于那些小型的、地区性的银行。委员会一直努力工作，为的是实现其他竞争性目标之间的平衡，如银行风险管理积极性与规范性规章制度体系实施的平衡。我们寻求复杂性与风险敏感性的平衡，复杂性与可比性的平衡，完备性与保守性的平衡，灵活性与一致性的平衡，等等。

（2）目前中国银监会确立的两步走策略有一定现实意义，但是忽视了可能对小银行带来的冲击。

目前，中国银监会要求大型商业银行应加快内部评级体系建设，尽早达到新资本协议的要求。几家在海外设有分行或附属机构、国际业务达到一定规模的大型商业银行，将被外国监管当局认为是"国际活跃银行"。2007年开始，在发达国家设立的子行要按照东道国监管当局的要求执行新资本协议，届时若母行仍采用传统的风险管理体系，一家银行内部同时采用两种风险管理体系的成本很高。

对于中小银行,中国银监会的要求是,中小银行应借鉴新资本协议所代表的先进的风险管理技术和经验,逐步朝先进的风险管理模式靠近。中小商业银行受规模、数据等因素的制约,单独建立符合新资本协议要求的内部评级体系,成本很高,难度很大,因此可在自愿的基础上按照商业原则,通过信息共享、成本分担,缓解单个银行面临的数据约束,实现规模效益,建立具有共性的内部评级体系。在此基础上,各家银行可以结合本行资源条件、市场定位、发展战略,整合风险管理的组织体系,完善风险管理的技术手段,建立相应的风险管理制度安排。银监会将积极创造条件,搭建信息平台,推动中小商业银行改进风险管理,提升整体竞争能力。

相比较而言,中小银行面临的挑战更大。

3. 不仅是风险模型的挑战,还是风险管理制度与体系的挑战

(1)新协议不仅是风险管理模型的变革,对于中国这样的新兴市场来说,也是风险管理流程的重组,其实施过程通常需要对风险管理的政策、流程、组织结构、内部授权等制度环境进行大幅度的变革。因此在中国这样的新兴市场国家,新协议的实施并不仅仅是一个金融风险技术和模型的问题,还有一个风险管理架构的重组问题。相比之下,后者的难度可能更大,耗时可能更长。

(2)基本的风险管理体系依然存在较大的缺陷:鉴于监管当局监督检查是成功实施巴塞尔新协议的关键,国际货币基金组织工作人员认为,完全或基本遵守巴塞尔有效银行监管核心原则(该原则以1988年协议作为资本充足率标准),应该作为向新协议过渡的基础。在71次金融稳定性评估(FSAP)中(包括12个发达国家、15个转轨国家和44个发展中国家),国际货币基金组织工作人员已经注意到了这些国家存在许多缺陷,其中包括:风险管理、并表监管、对资本不足银行的纠正措施,而这些都是实施有效监管和新协议的关键。特别要指出的是,接受评估的发展中国家中大约有一半不符合核心原

则,包括关于资本监管的核心原则、关于国家风险的核心原则、关于监管当局要求采取纠正措施的正式权力的核心原则以及关于并表监管的核心原则。2/3 以上的国家不符合核心原则,即关于市场和其他风险管理的原则;此外,1/3 以上的国家不符合关于贷款评估和准备金计提的核心原则、关于会计和信息规定的核心原则。

(3)实施新协议的基础性工作的障碍:数据为王

① 仅仅从新协议所要求的信贷风险内部评级方法中对于数据的要求看,由于需要一定年限的违约历史数据以及一定年限的检验才能确立新协议需要的内部风险模型,因此,尽管中国可以在 2006 年暂时不实施新协议,但是国内商业银行应尽快展开采集数据和建立模型工作,着手组织违约数据的采集和信贷回收纪录等基础性的数据积累工作(内部评级法:3 年的违约数据和 2 年的投产数据、7 年的回收历史)。

② 不同系统中的数据定义、口径存在显著差异。

③ 数据的采集、存储、分析和应用。

4. 从行政导向转向风险导向的挑战

(1)商业银行的经营管理,特别是业务授权、激励约束等机制如果依然遵循行政导向,就不是一个真正的商业银行。真正的商业银行是以风险为导向的,这是新协议实施的微观基础。

(2)现代金融监管应当是以风险为导向的监管,不是以行政审批为导向的监管。

(3)新协议体现出来的理念值得借鉴。风险管理从事后转向事前,从定性转向定量,对于贷款的合理定价,如何实现合理平衡风险与收益等,新协议提供了一系列指标:例如可预计损失、经过风险调节的收益等。

5. 应对监管套利带来的银行集团监管的挑战

(1)1988 年的资本协议带来的监管套利。适当扩大资本充足约

束的范围,在一定程度上抑制了资本套利行为。例如,1988年的资本协议不对控股公司的资本充足比率作出要求,使得许多银行为了逃避资本约束纷纷采用控股公司的形式。在新的资本协议框架中,以商业银行业务为主导的控股公司应当受到资本充足比率的约束,如巴克莱集团(Barclays)。

(2)新协议对于银行集团的监管要求,凸现了当前金融控股公司监管的体制性缺陷:没有清晰地界定,资本金的计算方法、市场准入和退出机制;缺乏关联交易监管和信息披露等基本的监管要求。

(3)混业经营的推进加剧了这一挑战,如基金管理公司、海外控股公司。

(4)金融控股公司成为中国当前潜在的金融风险隐患,关键在于监管套利形成的监管真空。

6. 新协议监管理念的精髓之一是确立激励相容的理念,这对现有的监管体制是一个挑战

(1)《商业银行资本充足管理办法》没有吸收激励相容的理念,是最大的缺陷。

(2)所谓激励相容的金融监管,强调的是金融监管不能仅仅从监管的目标出发设置监管措施,而应当参照金融机构的经营目标,将金融机构的内部管理和市场约束纳入监管的范畴,引导这两种力量来支持监管目标的实现。

仅仅根据监管目标、不考虑金融机构的利益和发展的监管,是激励不相容的监管的基本特征。激励不相容的监管,必然迫使商业银行为付出巨大的监管服从成本,丧失开拓新市场的盈利机会,而且往往会产生严重的道德风险问题。监管机构因为不能及时地对金融市场的需求变化作出及时的反应,从而成为金融机构创新的抑制因素。因此,全球金融监管框架的发展,已经越来越注重激励相容,强调金融机构的商业目标与监管机构的监管目标的一致和协调。美联储主

席格林斯潘对激励相容的监管作过一个简要的界定,那就是:激励相容监管应当是符合,而不是违背投资者和银行经理利润最大化目标的监管。

所谓激励相容的监管,实际上就是在金融监管中更多地引入市场化机制。从国际范围内来看,在20世纪80年代以前,市场机制与政府监管之间的关系实际上被理解成一种平行替代的关系,金融监管力量的强化也就意味着市场机制力量的弱化,从而形成金融监管对金融市场压制性特征。随着全球市场化趋势的发展,在激励相容的监管理念下,金融监管不再是替代市场,而是强化金融机构微观基础的手段,金融监管并不要在某些范围内取代市场机制,而只是从特有的角度介入金融运行,促进金融体系的稳定高效运行。

激励相容监管的理念,在巴塞尔新资本协议中得到了很好的体现,例如,新资本协议提供了可供金融机构选择的、难度不同的风险管理体系,同时,那些选择难度更大的风险管理体系的金融机构,其所需要配置的资本金一般要少,从而在金融市场的竞争中更为主动,这种监管理念较之1988年巴塞尔协议所采用的单一的8%的资本充足率要求,显然是更好地协调了金融机构的经营目标与监管机构的监管目标。另外,巴塞尔新资本协议不仅强调监管机构的外部监管约束,还补充强调了金融机构的自我约束以及通过信息披露引入市场约束,三者共同形成巴塞尔新资本协议的"三大支柱"。在新资本协议框架下,金融机构在选择内部风险管理框架方面具有更大的自主权和灵活性,监管机构也可以根据不同金融机构的业务复杂程度、管理水平、经营业绩等来确定不同的监管要求,从而为提高监管的效率创造了条件。

从整个金融组织体系的发展看,激励相容的监管,应当是从总体上促进经营管理状况良好的金融机构的发展,抑制管理水平低下的金融机构的发展,应当是通过给金融机构施加一定的外部监管压力,激发其改善经营管理、进行风险控制和金融创新。但是,包括中国在内的一些国家和地区的金融监管中存在的一个重大缺陷,就是缺乏激励相容的监管理念和机制,而且往往还可能出现抽肥补瘦、鞭打快牛的现象,政府在给金融机构注资、补贴、收购兼并的过程中以及监管机构在进行日常业务的审批、新增机构、开辟新业务等过程中,往往没有充分发挥激励作用,没有为经营管理状况良好的金融机构提供较之经营状况低下的金融机构以更好的、更为宽松的发展环境,没有一个有效的机制鼓励好的金融机构更快地扩张,往往还在客观上促进了差的金融机构的扩张。这不仅不利于整个金融体系运行效率的提高,对于那些经营状况良好的金融机构,这种监管机制还是相当不公平的。

7. 从原来相对消极的、强调行政审批的监管者,转向积极的、尊重市场的监管者角色定位

(1) 1988年的资本协议中,监管机构的定位相对消极。

(2) 新协议中的第二支柱强调,为了保证单个银行的资本充足,监管当局应发挥重要的作用。根据新协议的要求,监管当局将负责评估银行决定资本充足水平的内部程序,以保证管理人员判断的适当性。

(3) 监管当局的责任是确保银行体系安全稳健,确保管理银行的领导者能力强,胜任工作的要求。但是,监管当局并不是银行的管理者,有关银行应对风险的决定,应该由银行高级管理人员和董事会来负责。关于银行风险以及第二支柱下银行管理人员应该采取的控制措施,监管当局可以与管理者进行对话,促使管理人员有积极性地谨慎行事并努力提高业绩。

(4) 风险管理政策与流程与资本充足率指标一样重要:巴林银行的案例。

(5) 在监管机构拥有越来越大的决策权利时,为了防范金融监管

行为的主观性和随意性,越来越多的国家和地区开始强调建立金融监管的问责考核,以便对监管行为进行监督,例如,监督监管机构的行政权力是否依法获得;监督监管人员从实体内容到办事程序是否合规;对行政侵害和行政损害应当具有行政救济和行政复议的制度安排。例如,英国等国家为了加强对金融监管可能导致的行政损害等行为的监督,除了司法复核这一途径外,还通过专门的机构对监管部门的决定进行复议。另外,增加金融监管决策的透明度和公众的知情权也是建立金融监管问责制度的重要内容。

(6)内部模型中的参数的测算。

8.新协议潜在的政策导向是鼓励金融创新

(1)抑制还是诱导创新:新协议鼓励银行的创新,例如资产证券化。

(2)对待金融创新,成熟市场经济国家的监管机构也经历了一个从严格抑制到积极鼓励的过程。实际上,在那些具有浓厚行政管制色彩的监管环境下,不少金融创新可能都是以绕开行政法规审批规定等为最初目的,但是,这并不能构成监管者消灭这些创新的理由,而应当成为改进监管方式的推动力,因为这些来自金融机构的创新,往往反映了市场的金融服务的新需求,往往反映了金融体系发展的新趋势。例如,通过绕过税收法规等产生的金融创新,可能本身就反映了经济体系存在的一些问题,税收部门可以据此改进税收体系加强管理,这就是一个良性的互动过程。为了促进这一良性的金融创新互动过程,保持一套清晰、透明、公开的金融创新监管规则和程序最为关键,减少金融创新过程中的人为干预和随意性也最为重要,这样才会给予金融创新主体一个清晰的创新预期和稳定的创新环境。

9.全面风险管理的挑战:市场风险、操作风险、利率风险管理的挑战

(1)新协议状况下,银行账的利率风险转移到支柱二中进行压力

测试:当利率波动达到 200 bp 时,银行资本金下跌是否超过 20%,如果超过,说明承担的利率风险过大。交易账的利率风险在市场风险中计算。

(2) 中国的商业银行面临日益增大的利率风险管理压力、市场风险压力和操作风险压力:① 利率市场化;② 市场风险的现实威胁;③ 操作风险影响到国际评级机构的评级。

(3) 缺乏操作风险的管理经验。

10. 从不透明的银行转向更为透明银行的挑战

(1) 国有银行上市的最大益处,是提高了信息披露的水平。

(2) 银行应当像公众公司一样进行信息披露:为了公众的利益。

(3) 在新的资本框架中,巴塞尔委员会对于银行的资本结构、风险状况、资本充足状况等关键信息的披露提出了更为具体的要求。新框架充分肯定了市场具有迫使银行有效而合理地分配资金和控制风险的作用,稳健的、经营良好的银行可以以更为有利的价格和条件从投资者、债权人、存款人及其他交易对手那里获得资金,而风险程度高的银行在市场中则处于不利地位,它们必须支付更高的风险溢价、提供额外的担保或采取其他安全措施。于是,这种市场奖惩机制可以促使银行保持充足的资本水平,支持监管当局更有效地工作。为了确保市场约束的有效实施,必然要求建立银行信息披露制度。新资本协议框架中所要求的信息披露的潜在参照标准是美国的银行信息披露要求,如大型银行要求按季披露范围相当广泛的风险信息。

问题:刚才您特地提到银行业的操作风险,这点我深表赞同。我们现在看到国有银行产生的不良贷款,有部分因为客观的原因,比如政府的干预,还有企业的变化情况之外,还有部分是由于内外勾结、腐败、行贿造成的,所以当信贷处长或者行长是非常舒服的事情,一般情况下他们是比较安全的,除非因为某一个偶然的因素才会使他们浮出水面,我想请问巴教授,您有没有什么好的思路从制度上约束他们？谢谢！

巴曙松：制度不是被设计出来的，制度是一步步地演进出来的。目前金融体系的状况比你想象的可能要好一些，根据中央人民银行的调查，实际情况也许没有我们想象的那么沮丧。人行的调查说中国目前形成的不良资产，有80%左右来自于政府干预、军工企业和国有企业转产脱困，以及其他的部分原因，真正因为银行判断失误导致的原因大概是20%左右，我也在基层银行工作过，你刚才讲的情况我也看到，也许我们可以这样说，我们看到的银行出现的一些问题可能有一定的笔数，但是总体的金额并不大。从总体的、大的情况看，根据银行的抽样调查，这个失误有20%左右，所以还是进步的，是不断的改进和改良的过程。

问题：我想问一下，刚才您也提到现在的金融控股集团已经是非常活跃的现实，包括像海尔这些公司就是事实上的金融控股公司，我注意到吴小林副行长也经常提到金融控股公司的金融监管问题，我想问一下巴教授，就您的了解，到目前为止，我们有没有在法规方面做一些准备工作？

巴曙松：实际上有关方面也意识到这个问题，在《商业银行法》的修订、《中国人民银行法》的修订和《银行监管法》的修订过程中，试图对金融控股公司的划分权属进行明确，但是因为不同监管部门出现的不同争论和意见被搁置了，实际上事后三家监管机构成立了一个联席会议，确立了一个所谓的主监管制度，我认为这不是真正意义上的主监管制度。对于金融控股公司的监管其实也没有那么复杂，以巴塞尔委员会为代表的国际组织，对于金融控股公司的风险控制、监管条例、监管法则已经有非常成熟的文件，我们有很多是可以沿用和借鉴的。比如说《银行业监督管理法》，起草过程中有相当大的篇幅借鉴了巴塞尔委员会制定的核心管理原则，所以我们在起草《金融控股公司法》的时候，可以在一个比较高的起点上，按照国际惯例来引入这些法规,不用一步一步地慢慢摸索它,目前其他的有关法规的起草工作也在进行中。

问题:关于四大国有银行的改革问题,我不明白将来要改到什么样?是不是改到像美国的花旗银行或者中国香港的汇丰银行一样,成为真正意义上的市场经济运作的银行。我对此感到怀疑,中国四大国有银行将来上市改革会不会像有的国有企业一样上市以后也是国有的,没有什么变化,我不知道到底是什么趋势。

巴曙松:国有银行的上市只是进程中的一个步骤,不是一个目的,它有什么好处呢?好处就是可以锁定改革的路径、前进的路径,你不能说想把它重新收回来变成直接控制的银行,重新任命官员已经不那么容易了,比如中国人寿,就锁定在市场化改变的路径,在上市制度平台上推进改革。

问题:现在国内银行中间业务是做得不太好,您觉得是银行自己的动力不够还是银行监管太紧?据我了解,银行要发展中间业务可能要报上面审批,比较麻烦。

巴曙松:中间业务的问题,审批只是一个方面,因为《商业银行中间业务管理的暂行办法》出来之后,实际上已经对审批要求明显放松,分成报批类、报备类等,但是在实际操作中的问题就是,到目前为止还没有清晰地给出究竟哪些是报备的、哪些是报批的,所以使得实际操作中都要报批,这是非常重要的问题。在市场化的监管理念里,通常是法不禁止即可行,所以给市场一个比较大的空间。而习惯于管制和审批的监管空间里,通常是法不批准不可行,所以这个理念上的转变可能还需要时间。

问题:这两天咱们北京财富管理还有理财方面对于金融机构,我看关注的也比较多,咱们国内金融机构这方面的意识可能只是一个萌芽,但是理财这个东西关键是在分业经营的形势之下很多人都提出管制太多,不好做,你觉得怎么在分业经营的形势之下做好财富管

理或者理财这块？

巴曙松：我想大概地说一点就是，在中国现有的理财产品和理财业务基本上是叫好不叫座的业务，如果真正实行严格意义上的投入成本和产出的核算，几乎没有哪家在这个上面是赚钱的，现有的理财产品，或者是逃避利率管制型，把不同领域的产品功能进行组合给出一个更高的回报，逃避利率的管制，或是逃避分业经营的管制。真正意义上的产品创新在非常原始的起步阶段。

问题：现在对于银行的贷款利率规定的是一个上浮的限制而不是对下浮的限制，实际情况是，对于好的企业，银行可能没有力量跟它讨价还价，就是不敢上浮，但是对于差的企业我本来就不想贷，本身就有风险，设定这个规则有什么含义呢？对于存款利率也是一样，存款利率我可以任意地下浮，但是不能有上浮的限制，对于存款竞争非常激烈，都想把存款份额做大，这样我可以争取更多的客户，但实际情况相反。存款的人说，我这样设置上浮和下浮的设置有什么含义没有？当时是怎么考虑的？

巴曙松：贷款利率取消上浮是中国贷款利率市场化的一个非常关键的一步，原来我们的贷款利率市场化一个非常重要的推进的逻辑就是，逐步地扩大它的浮动幅度，1.7倍、1.9倍、2.3倍，到最后取消。意义在什么地方？一个非常重要的方面就在于缓解中小企业融资难的问题，在这次宏观调控里面中小企业融资的紧缩程度比以往都厉害。中小企业的融资难的问题关键还是价格的问题，如果我们说支持中小企业贷款所以给它的比较低的利率，银行本能的选择就是不贷款。所以对于中小企业来说贷款的可获得性最重要。第二是价格，只要从整个的金融体系获得贷款的利率低于在黑市贷款的利率，对它来说就是效益的改进。

你刚才说的状况实际上是比较笼统的状态，其实更多的企业是中间状态，你说的极端状态的概率分布是两端的，我们大多数的主体企业还是上浮5%我就不愿意做,但上浮15%我就愿意做,这部分企业获得贷款的满足度是有比较大的提高的。10月28日的利率调整,改革的意义大于宏观调控的意义。存款利率设置的下浮,有利于银行进行负债管理。

曹凤岐:因为时间关系我们就不再说了,巴教授今天给我们讲了一个非常精彩而且深刻的讲演,他讲了资本充足管理的重要性。从资本充足管理的角度谈到了金融机构,尤其是银行的改革、发展和创新,在我看来,在国内是很少有人从这个角度去谈的,应当说是耳目一新。

另外在这里头谈到了新巴塞尔协议,在国内谈新巴塞尔协议的也不多,实际上我们连老的还没有执行好,所以对什么是新巴塞尔协议并不清楚,另外对执行新巴塞尔协议的迫切性也没有感觉到,实际上已是很迫切的了,因为已经定稿了,而且发达国家开始执行了。我们难道不执行吗?中国的银行业、金融业、证券业、保险业现在都面临着一个公司化、市场化和国际化的问题,在这个过程中中国的金融监管和它本身内部的管理是非常重要的,所以应当说巴教授的讲演对我们的企业有很大的启示,对中国银行业的改革也应该有很大的启示,我们再次对巴教授的精彩讲演表示感谢。

游记与书评

跨越这一湾浅浅的海峡

　　因为参加一个学术研讨会的缘故,2005年4月下旬,我得以有机会首次抵达祖国的宝岛台湾。当时,连战、宋楚瑜先生也正筹划大陆之行,因此我有幸在台湾见证了这个历史的时刻。

　　回想起国民党元老于右任先生的"大陆不可见兮,只有痛哭……",以及余光中先生的"乡愁是一湾浅浅的海峡/我在这头/大陆在那头",究竟是什么力量驱使台湾的政治人物冲破重重障碍,跨越这浅浅的但是却似乎一直难以逾越的海峡?同文同种无疑是最为强大的驱动力,当然可能也有其他方面的计算与权谋,但是,作为一名经济学者,我想,经济的驱动力必然是其中不容忽视的并且正在发挥越来越大作用的因素,这种经济的驱动力来自全球化背景下中国的崛起,来自海峡两岸经济的互补性日趋明显,来自经济整合背景下的民意。

　　不少参加研讨会的台湾学术界人士提及,根据他们的了解,在祖国大陆,研究台海关系的学者相当多,研究台湾地区经济金融的学者

却相对稀少,而从我参加会议期间的了解看,台湾地区经济学界对于大陆经济的了解也相当有限。从一般意义看,两岸的相互研究,战略政治军事方面的较多而经济方面的相对较少,一般笼统性的研究较多而专业领域的深入研究相对较少。我向台湾地区学术界的同行预计,在连宋大陆行之后,两岸的专业研究合作可能会更活跃,特别是经济金融领域的专业研究,在经济融合不断推进的今天,将更为重要。因此,我希望有更多的机会到台湾进行经济方面的专业考察交流,也希望促进我的学生研究一些台湾问题,并创造机会与台湾研究人员所指导的研究大陆问题的台湾学生建立学术交流关系。

如果仅仅从政治军事角度看,两岸的许多政治军事动向可能显得难以琢磨,但是在经济的透视之下,我们可以看得更为清晰。以连宋大陆行为例,我从台湾的电视新闻中见到美国的观察家直呼"看不懂",但是一位台湾学者的解释却颇有经济学和政治学上的说服力,他提及连宋作出大陆行决定之前的一个民意调查显示,赞成和反对连宋大陆行的台湾民众大约分别接近一半对一半,赞成的比率后期还明显上升,但是他们的研究发现,赞成大陆行的,多是学历相对较高、能够把握全球化趋势并分享到两岸经济融合收益的活跃阶层以及年龄相对较轻的民众,连宋在确认两岸融合的大趋势的同时,也选择了民众中代表未来方向的年轻高学历人群。在政治人物的筹划背后,还是经济的因素在发挥作用。

在把握两岸经济融合趋势方面,两岸的企业家表现出较台湾的政治人物、学术界更为敏锐的洞察力和执行力。2004年,台湾地区对大陆的贸易顺差超过500亿美元,就是两岸企业家共同推动下经济整合的冰山之一角。如果考虑到宝岛台湾的企业家在大陆广泛而活跃的投资,台湾的不少企业家已经分享到祖国经济高速成长的成果。无论是在中国经济增长最为活跃的长三角、珠三角地区,还是遥远的东北、西北地区,都可以看到台湾商人活跃的轨迹。此行接待大陆学

者的台湾方面的机构的一位负责人,就曾经在辽宁的多个城市投资生活过。早在20世纪中后期,我在中国银行杭州分行工作时,以康师傅方便面获得成功的台资企业顶新国际就是中国银行的重要客户之一。此次研讨会上台湾学术界提交的论文中,不少是对江苏一些台商调研之后形成的研究报告,他们对于台商的研究为我们提供了一个新的视角,也反映出台商在两岸经济中的影响力在不断提高。

在祖国大陆经济崛起的今天,台湾面临何种选择呢?我发现,连战先生在离开大陆的最后一站上海的演讲触及了台湾经济的玄机。连战先生强调,台湾地区经济发展的历程,从早期的农业以及劳力密集产业发展,到如今的资本密集产业和高科技产业,从进口替代到出口导向,推动台湾岛成为一个富裕的美丽岛。如今,台湾又面临一个关键的时刻。我认为,这个涉及台湾经济未来的战略选择,实际上涉及台湾经济的新一轮转型。

以台湾当前面临的全球化格局,台湾经济的转型,不可能离开祖国大陆,这是由全球化的大趋势所决定,也是由两岸经济的相互依赖所决定。

如果试图把台湾岛从祖国的经济增长中人为隔离开来,受损最大的是哪个方面?实际上是台湾经济,是台湾民众的福祉。以祖国大陆经济的多元性和包容能力以及广大的市场对国际资本的吸引力,国际资本对于台湾资本实际上有较强的替代能力。从台湾近年来的经济表现看,目前台湾依然徘徊在经济转型的十字路口,台湾的企业界实际上已经早已以自身的投资决策指出了台湾经济转型的方向是紧靠大陆,台湾的政治力量可能还在观望中,这使得台湾经济丧失了十分宝贵的振兴机遇。1999年,台湾在消化亚洲金融危机的冲击之后不久,又遭受到IT泡沫破灭的打击,以至于在2001年台湾经济第一次出现了负增长(-2.18%)。2005年台湾经济增长有所恢复,但是在种种因素推动下,2005年4月14日台湾相关部门调降台湾2005年经济增长率至4.05%，原估为4.37%，同时也相应调降2006年经济增长率至4.42%，原估为4.59%。从台湾的失业率看，台湾相关部门预计2005年台湾地区的失业率全年平均为4.37%，而台湾在1991—1995年的平均失业率是1.56%，1999年的失业率是2.92%，而2001年失业率就上升至4.57%，2002年为5.17%，2003年为4.99%。以香港的经验看，大陆开放大陆居民到香港旅游之后，显著改善了香港的就业状况和整体经济状况。如果开放大陆居民到台湾旅游，以我自己在会议间隙走马观花看过的景点，例如藏品丰富的台湾故宫博物院、独具风格的台北历史博物馆、风景颇似西子湖的日月潭，加上长期隔绝所形成的新鲜感，宝岛台湾可能会成为未来大陆居民最感兴趣的旅游景点之一。这不仅可以增进双方的了解，一个直接的好处是可以显著改善台湾的就业压力。

台湾经济转型的方向在祖国大陆，不仅是从两岸经济日益强化的经济联系得出的结论，从全球化发展的趋势看更是如此。台湾作为典型的外向型"浅盘"经济体，对国际市场的依赖程度非常高。2004年台湾外贸总额为3419亿美元，高于其经济生产总值3159亿美元（GNP值）。国际市场的开拓，成为决定台湾地区经济成败攸关的决定性因素。从全球范围看，继欧盟和北美自由贸易区成立后，亚洲也正在出现世界上规模最大的区域经济合作组织，即中国大陆加上东盟10国的"10+1"或在此基础上再加进日本和韩国的"10+3"。大陆今年将针对部分产品免税问题与东盟展开"10+1"谈判，并逐年扩大免税项目，到2010年达到全面免除关税，同时，日、韩也将于2005年开始与东盟进行"10+3"谈判。台湾如果不能参与这个进程，就必然会被排斥在最富有活力的经济增长区域之外，边缘化就是一个必然的结局。相反，如果台湾地区能够采取有效的方式和大陆协商，以适当的方式加入亚太区域经济整合的行列中，才有出路。"胡连会"所达成的五点共识，从经济的角度看，实际上深刻地触及了台

湾目前面临的最为关键的边缘化问题。

实际上,两岸的和平气氛也可以极大地缓解台湾的财政负担。台湾近年来在财政政策上的主导性政策趋势,就是不停地减税以赢得民众欢心,台湾的税收占台湾地区 GNP 的比值,从 1991—1995 年的 18%,一路下降,1999 年为 14.7%,2001 年为 13%,2003 年只有 12.2%,2004 年达到了 12%。减税之后导致的财政收入减少,并没有促使台湾压缩开支。而是在军费开支上投入越来越多的开支,政府债务占 GNP 的比例到 2003 年达到 31.3%。一位台湾大学的教授告诉我,他读大学的时候,台湾的大学大概有二十多所,目前台湾的大学已经迅速膨胀到一百多所,但是政府对于大学教育的开支基本上没有变化,这就使得台湾新一代大学生的教育水准有了明显下降。他对我调侃说,幸亏我这两天在会议上碰到的是基础还不错的大学的学生,如果碰到一些经费严重短缺、基础较差的大学的学生,真的可以把人气死。如果把这些新增的军费开支用于台湾教育的改善,对于提升台湾的竞争力无疑会有更大的好处。

从旅程上看,因为不能直接从北京飞台北,我们只能先从北京飞到香港,从香港入关之后,到指定的台湾中华旅行社换取证件,再重新在香港出关从香港飞台北,本来只是四个小时左右的行程,却花费了十多个小时。类似这种没有顺应两岸融合的大趋势的许多细节,在一路上还见到不少。例如,尽管台湾的经济已经在很大程度上与祖国大陆融合,台湾的电视中关于大陆的报道非常少,这显然严重限制了台湾地区民众对于大陆的全面了解。因此,这次连宋大陆行的一个积极意义就在于,台湾的媒体对于大陆的报道空前增多,显然增进了台湾民众对于大陆的了解。

台湾的几位教授先后对我说,如果两岸陷入僵局或者战争,那将是中华民族的大不幸,也是两岸缺乏智慧的表现。一位社会学者说,实际上时间可能是化解当前分歧的最好方式,例如从人口结构的演

变看,台湾的所谓比较偏激的本土意识,随着台湾出生率的迅速下降以及"越南新娘"、"大陆新娘"的迅速增多,在下一代就不会成为问题、至少不会是一个主要的问题;随着两岸经济融合的推进,当台湾经济已经越来越倚重大陆经济增长时,"去中国化"就不可能在未来的台湾成为有影响力的思潮。我笑着告诉他们说:毛泽东主席曾经说过,中国的事情,急不得。看来老人家的话在新时期的两岸关系上又可以派得上用场。

在台湾出差期间,手头正在读《李叔同说佛》,李叔同先生开篇提及两幅对联:有才而性缓定属大才,有智而气和斯为大智。又说,从前种种譬如昨日死,从后种种譬如近日生。处理当前充满契机的两岸关系,看来正需要这样的大才与大智,也需要这种面向未来的远见与气度。在时间的伟力之下,让同文同种的力量耳濡目染地发挥作用,让日趋紧密的经济联系日渐紧密地发挥作用,可能是中华民族面临的台湾问题的解决之道。

是日本银行界的问题,也是亚洲银行界的问题
——评吉莲·泰特的《拯救日本——泡沫崩溃后的银行危机与华尔街行动》[①]

对于中国读者来说,阅读英国金融时报驻东京的记者吉莲·泰特著《拯救日本——泡沫崩溃后的银行危机与华尔街行动》,并不是一个可以轻松下来的休闲活动。作为一名财经记者,吉莲·泰特的叙述在理论上并不晦涩,文字也还算活泼,中文翻译中出现的一些错误也基本可以容忍。让我们不能轻松下来的,是这本书的主题——银行重组,让熟悉中国银行界的读者不能不产生切肤之痛,许多段落,如果把文章中的主人公更换成一位中国银行家的名字,原来关于日本银行界的叙述几乎可以不用作大的调整就可以基本适用于中国。

这是一本关于日本金融界进行艰难而痛苦的"创造性破坏"的饶

---

① 吉莲·泰特著,《拯救日本——泡沫崩溃后的银行危机与华尔街行动》,吴谦立译,上海远东出版社2004年8月版。

有趣味的读本,作者选取一度是世界第九大银行的日本长期信用银行作为分析的焦点,详细描述了日本长期信用银行从兴起到倒闭、进而在国际金融家的推动之下建立全新的新生银行的过程。在中国正在积极推进国有银行改革、股份制商业银行的市场化改革以及城市商业银行的重组的当下,身处其境的读者往往会有似曾相识的感觉,特别是一些正在积极引入外资的金融机构,在谈判与重组中可能遭遇到的经营理念、文化、社会乃至政治的冲突,以我有限的了解,基本上可以说是如出一辙。因此,我更愿意把这本书作为正在进行中的中国金融改革的对照读本。

《拯救日本》一书以日本长期信用银行的兴衰起落为主题,内容安排上则是围绕三个有代表性的人物展开的。

第一部分介绍的是日本长期信用银行及其最后一任总裁大野木克信的故事,从特定的角度浓缩了战后日本的经济制度。大野木克信在投身日本银行业时所具有的使命感,以及他和其他日本金融家在海外机构工作时的心态,对于我这样曾经在中国银行的海外机构工作过的人员,真可以说是感同身受;面对整个金融体系的低效率、对于银行坏账问题的拖延和回避现实矛盾的官僚机构,大野木克信的无奈和无辜也完全是可以为读者所深深理解的。2002年9月大野木克信被宣判有罪时,他的辩解无疑具有强烈的悲剧色彩:如果他是一个罪犯,由于整个日本银行界过去10年来一直想逃避问题,那么日本政府以及日本银行界里几乎所有人也都是罪犯。这样深刻的反思,似乎还没有在中国金融界展开,尽管我们已经为银行的低效率支付了巨大的重组成本。

第二个部分则是围绕美国的金融重组专家蒂姆·柯林斯展开。柯林斯在1999年组织一个外国投资财团收购了日本长期信用银行,并且积极把利润导向的华尔街哲学引入日本。毫无疑问,在日本这样相对封闭、受到政府严格管制、强调关系的银行主导性融资的环境

中,引入利润导向的、强调市场约束和市场规则为哲学,对于参与的各方都不是轻松的经历。作者甚至把华尔街资本进入日本金融业类比于当年美国的炮舰带来的冲击。从书中,可能看到许多熟悉的故事:官僚体系对华尔街市场和国际规则的陌生和抵触、政治力量的参与和角力、对参与引入外资人员的关于卖国和阴谋论的指责。在中国股市、中国银行业的重组中,我们一度也可以听到类似的指责。从这个意义上说,这本书更可以作为试图介入亚洲银行业的外资的参考,特别是对应对错综复杂的经济社会政治关系,显然是有良多教益的。

第三个部分的中心人物是八城政基,作为在日本长期信用银行灰烬之上建立新生银行的直接操刀者,他受命把截然不同的华尔街和日本商业银行进行融合,着手建立一个全新的日本式的商业银行。如果我再介绍说,八城政基目前正担任正在重组中的中国建设银行的独立董事,我想读者可能会有更浓厚的阅读兴趣,也会对中国建设银行目前正在进行的重组有更多的期待。

整本书的内容安排也体现出一定的匠心。第一部分介绍了传统的日本银行业的经营模式,第二部分强调的则是纯粹的华尔街经营风格,在传统的日本风格和纯粹的华尔街风格都在日本银行业的重组中碰壁之后,日本银行业重组的现实道路就被选定了:由八城政基这样既具有华尔街经验、同时又了解日本传统的金融家来进行整合,在日本市场上寻求实施华尔街基本理念的现实路径。

可以说,《拯救日本》既是一本关于日本长期信用银行和新生银行发展的故事,也是日本金融界三个有代表性的金融家的个人小传,还是对以日本为代表的亚洲金融体系演变的一个特定角度的透视。撇开对于银行家个人和日本银行业的兴衰起落的沧桑感叹,一个传统的、强调关系、强调银行贷款的金融体系,如果要转向强调利润、强调市场、强调资本市场活力的金融体系,其间引发的冲突与折中、希望与失望、保守与激进、封闭与开放的起伏互动,往往是主导银行家个人、单个的金融机构兴衰的大背景、大视野。从这个意义上说,这本书揭示的不仅仅是日本的问题,而是包括亚洲在内的几乎所有新兴市场都面临的共同问题。

放眼亚洲新兴市场,几乎所有的金融市场都在不同程度地介入到这个深刻的金融结构的转型过程中,所以我们几乎可以看到日本长期信用银行在不同国家和地区演出类似的连续剧。1997年亚洲金融危机之后的韩国,新桥集团就以类似的方式参与了韩国银行业的重组,目前新桥经历艰苦的磨难,开始入主深圳发展银行,成为中国银行业实施现代化重组的代表性一步,其间的操刀者,据了解也是对中国文化与华尔街文化都有良好理解的银行家。在这个过程中,各种利益主题的冲突与妥协过程,如果能够披露,我想其精彩程度绝不亚于日本长期信用银行的重组。只不过因为信息披露不够等原因,我们目前还暂时不能获得相关的详细信息而已。但是我们可以肯定的是,如果把这些类似的案例进行对照分析,一定是一个饶有趣味的金融研究主题。

2005年4月,我有机会到台湾参加学术研讨会,在台湾大学对面的诚品书店,我看到了《拯救日本》这本书的英文版。在第二天的研讨会上谈及中国大陆和台湾地区的金融重组时,我多次向与会的台湾代表推荐这本书,特别是面对过度拥挤的台湾银行业来说,市场化的重组已经势在必行,拖延只会带来更大的成本和更长期、更深层的代价。

信息披露的不透明同样是亚洲银行业面临的一个共同问题,因此作者以记者身份获得的大量第一手的信息写就的《拯救日本》就显得尤其有了解内幕方面的独特价值。作者强调:"尽管日本充满了像日本银行前常务董事本间忠实先生自杀这样的故事,但可能因为日本喜欢在外部世界面前展示一种清新的面孔,这些故事都被捂得严

严实实。这些悲剧不单纯地只是日本金融故事的脚注;从某种意义上说,正因为日本的经济问题远远不只是停留在纯粹的经济方面,还深深地植根于文化、政治以及社会问题,这些悲剧实际上是整个故事的核心部分。"作者在后记中这段有些悲天悯人的结论,使得我原谅了她在全书中的难以掩饰的优越感和对于日本金融精英层的嘲讽。实际上,作者自己也应当很清楚,这些日本金融精英实际上也是日本经济界的一时之选,同时拥有日本国内和国外的金融市场的丰富的阅历,也有振兴日本金融的强烈使命感,但是在整个经济金融结构大变革大调整的背景下,这些日本金融精英的命运无疑带有注定的悲剧色彩。

抚摸美国证券市场的伤痕
——评约翰·S.戈登:《伟大的博弈》*

圣经上说,有人向盲者说他是基督,盲者抚摸他的手上没有钉痕,回答说你不是基督。

因为多年金融业实际工作的体验,我深感书斋里的道理容易讲得振振有辞,但是许多以先贤道理自命者,如果没有让人见到他有亲历江湖起落的钉痕,自然容易引得市场对其煌煌大言付之一笑。

证券市场的发展何尝不是这样?十年前我曾有机会到纽约学习,特地到慕名已久的华尔街和纽约证券交易所考察,也有机会到纽约联储地下著名的金库参观,算是对华尔街有了一点十分有限的实感。反观中国的证券市场发展,我们常常见到一些以今天美国证券市场的标准与原则来苛责尚处于起步阶段的中国证券市场的言论与做法,这些做法往往对市场发展带来不少负面的影响。

如果要更深刻地理解美国证券市场的历程,同时也更清晰地把

---

* 约翰·S.戈登著,《伟大的博弈》,祁斌译,中信出版社2005年1月版。

握中国证券市场的现状与未来,我的建议是:让我们来一起抚摸美国证券市场的伤痕,看看这个市场的来龙去脉。"回顾所来径,苍茫横翠微",把美国证券市场的来历看清楚了,我们才有回顾与指点的空间。

《伟大的博弈》这本译著给我们提供了这样一个抚摸美国证券市场伤痕、寻找市场脉络的很好的读本。

为什么推荐这本书呢?

第一,这本书擅长以故事的形式讲历史,对读者十分友好。西方史学家修昔底德强调,"历史无非是用范例讲授的哲学课",这本书可以说很好地体现了这种历史哲学。通篇常常可以见到引人入胜的掌故与趣闻,其间不乏引人深思者。例如,书中提到,美国1933年《联邦证券法》颁布之前,股市上的多空决战,不取决于资金实力与市场判断,而是更多取决于庄家控制的官员们侵害公权的无耻程度和技巧高下。在介绍不同时代的美国投机狂潮时,书中提及20世纪20年代,不少投资者希望分享航空业的增长,疯狂购买一家叫做"海岸航空公司"的股票,而这家公司实际上是铁路公司。

第二,这是一本有一以贯之的经济哲学和经济理念支持的历史读本。我们常常说历史是任人打扮的小姑娘,同样的历史事件,可能有不同的解读,无论作者如何强调自身的独立与超然,都是如此。人类知识的演进,往往来自于对历史事件的理性解读和反思,来自于直面现实事件的不断更新以及构建新的知识体系和认识标杆。这本书在看起来散乱的历史故事中,作者始终强调了现代资本市场发展的逻辑和基本的信念,那就是:把华尔街的兴衰放到整个美国经济乃至全球经济的大背景之下来把握,是关于华尔街的"大历史";强调亚当·斯密在1776年提出的"看不见的手"的理念通过华尔街的实践不断深化的过程。在书中起起落落的关于华尔街的故事中,我们看到的是作者给我们强调的资本市场的自我演进、自我探索、自我修复、不断试错的活力与韧性。在作者专门为中文译本续写的章节中他强调:"或许,只要这个世界有人需要资本,而又有人能够提供这些资本,在曼哈顿南端的这个伟大的金融市场就不会消失,会有无数的人们来到这里,实现他们的梦想。"

第三,是译者的精心翻译和组织。为了便于读者的阅读,译者在每章之前撰写了简要的导读,同时,译者还设法当面与作者进行了对话和访谈,作为附录。在每章的结尾,又补充了"同一时代的西方和东方"的对照内容,从中可以对照西方和东方的起落兴衰。实际上,中国文化一直是相当开放和包容的,历史上强调最多的不是"民族"和"国家",比较广泛接受的理念是"天下",梁启超先生曾经有一个宏大的历史写作计划,就是把中国的历史放在全球的历史大背景下来重新把握和梳理,从中看出中华文化与全球文明的互动与演变趋势,避免封闭与隔离地把握中国历史。可惜梁启超先生没有能够完成这个巨著。因此,读到译者在每篇文章附录的西方与东方的对照,重新让我想起梁先生的这个宏伟的设想,也让我感叹证券市场在推动大国兴衰更迭对比中的神奇力量。另外,在书中的图片中,除了原书作者提供的一系列难得的历史图片外,译者在华尔街拍下的几张照片也饶有趣味。事实上,译者对于原书的相当多的介入,使得该书变得不再仅仅是一本单纯的译著了。

另外,对于熟悉中国证券市场发展的人士来说,把中国证券市场发展的历程相应作一个对照,也是十分有趣的阅读体验。在美国历史上,因为出于黄金投机交易的需要,华尔街事实上早于林肯总统知道了葛底斯堡战役的结果;同样,在中国的证券市场上,一个监管机构的官员事前强调的内部座谈会在上午召开之后,当天下午往往就能够在网络的 BBS 上见到会议的内容。

中国证券市场上曾经经历过一场声势浩大的关于股市如赌场的争论,实际上在美国证券市场发展的早期阶段,美国政府有时也一直

以"屡败屡战"的决心打击投机,希望将投机活动驱逐出美国的证券市场,结果导致市场付出相当大的成本,以至于一位美国的投资家调侃说:"当我年轻的时候,人们称我为赌徒;后来我的生意规模越来越大,我成为一名投机者;而现在我被称为银行家。但其实我一直在作同样的工作"。1975年美国放弃了持续长达175年的固定佣金制,引起了市场相当大的震动,对照中国证券市场在不长的时间内就推出了这一举措,中国市场发展的迅速,也从这种对照中得到确认。

如何应对证券市场的恐慌?格林斯潘和本杰明·斯特朗共同认可的一个策略是:对于市场恐慌,你只需要开闸放水,让金钱充斥市场。1987年美国股市崩溃时,美联储给所有的人打电话:你需要钱吗?如果需要,我们可以提供。于是,作者认为,正由于此,美国没有再见到1929年那样的股灾。但是,在中国,可行的应对市场恐慌的措施是什么?类似美国的这种应对措施是否会导致严重的道德风险?这些都是引人深思的问题。

中国正在寻求和平崛起的发展道路,在这个过程中,不发挥证券市场在产业结构调整、促进投资等方面的作用,不通过建立一个发达的证券市场来扩大中国在金融领域的影响力和支配力,无疑会加大和平崛起的难度。为什么在鸦片战争和甲午海战中,中国的GDP分别是英国的四倍、日本的五倍,却依然战败?筹资能力和资源配置能力是一个重要的因素。在美国历史上,华尔街支持了北方政府进行大规模的战争融资,促使其战胜了在财政方面陷入困境的南方政府,华尔街也在战争的刺激下走向繁荣;与此形成对照的是,南方政府片面依赖货币发行,导致通胀率达到9000%。证券市场的重要性由此可见一斑。

在全世界的灿烂文明中,中华文明可以说是历史感最为强烈和深厚的文明之一,梁启超先生就强调,中国古代,史外无学。通过阅读这本美国证券市场的历史,我们可以见到一个色彩纷呈的传奇,正

如作者所说,"在华尔街的这个伟大的博弈场中的博弈者,过去是,现在还是,既伟大又渺小,既高贵又卑贱,既聪慧又愚蠢,既自私又慷慨——他们都是,也永远是普通人"。

这一个带有沧桑感和历史感的评价,让我们似乎看到这个市场的"钉痕"的依稀痕迹。

南美归来话信用 ///

最近去了一趟南美,从阿根廷、智利、巴西一路转下来,印象深刻的几件事情,似乎都与个人信用体系相关。

首先,是每到一个城市,导游都会谆谆告诫,南美可能小偷不少,特别喜欢瞄准华人下手,因为这些小偷根据历史的经验知道,华人喜欢带现金,很少用信用卡,特别是到了巴西的里约热内卢举世闻名的沙滩边,尽管所住的宾馆就在沙滩旁边,但是导游始终坚持,尽可能不要独自去沙滩游玩。华人社会个人信用体系不发达所带来的不方便乃至一些惨痛的教训,即使到现在还在延续。

其次,是一路上消费购物,基本上都是用在国内办的招商银行的信用卡,以前每次出国,都要设法准备一些美元,从准备到携带都十分不便,现在用信用卡购物,其间带来的方便和成本的降低,只有亲身体会过才会有切身的了解。我在巴西亚马逊热带雨林旁边的城市玛瑙斯所住的宾馆购物,刷卡之后,很快手机短信就把交易确认信息发送过来。国内日渐发展的个人信用体系,以及由此支持下的信用

卡行业的发展,使远在海外的中国人体会到信用带来的便利、尊重。

个人征信,已经越来越不再是一个十分个人的问题,在当前的中国,它开始成为一个公众的问题,成为一个金融体系面临的共同问题。没有一个相对完善的个人征信体系,不仅更多的中国人不得不以更高的交易成本进行交易,而且还要忍受更高的风险;个人征信体系的不发达,也使得个人在最为急需金融支持的时候,得不到金融体系的信用支持,因为金融体系缺乏足够的信息进行风险的识别;个人征信体系的不发达,也使得金融机构在开辟个人金融业务时彷徨不前,丧失了个人金融这个巨大的业务增长空间。而在目前的国际金融界,个人金融已经成为收益最为稳定的金融业务,以汇丰银行等主要的国际银行为例,个人金融已经占到整个银行业务的一半以上,与此形成对照的是,中国的个人金融业务基本上还处于从属的地位。

我此次出国,用的招商银行信用卡是 VISA 卡,VISA 常用的宣传广告之一,就是:"你的信用每增加一点点,你的免费旅程就会增加一点点,不会有半点的浪费。"实际上推而广之,社会上的每个人,信用如果共同增加一点点,增加的绝不仅仅是有限的免费旅程,还有整个经济金融体系所获得的更低的交易成本。

摩根财团的正式创始人朱尼厄斯·斯潘塞·摩根说过:私人的信用是财产,公众的荣誉是保证金。在现代社会的信用经济下,个人信用不仅仅是获得财富的间接保证,有时候更是创造财富的直接源泉。随着中国人民银行一纸《个人信用信息基础数据库管理办法(暂行)》公开征集意见,个人征信被正式提上议事日程,进入实质性操作阶段。在与国外成熟信用社会的对比中,我们在看到个人征信给银行信贷发展带来强有力的保护措施之余,更看到了个人征信制度建立正徐徐拉开信用市场的幕布,展现眼前的是个人、金融机构、市场参与者挖掘信用财富的巨大机遇和挑战。

后　　记

　　把一年中的经济评论文章适当挑选并整理结集,似乎已经成为近几年的一个惯例。书稿交付北京大学出版社时是 2005 年的年中,经过半年的努力,在 2005 年的经济评论集即将由北京大学出版社以《中国金融市场大变局》为名付梓之际,正好临近岁末,于是,这个后记既是我的这本新著的后记,也是我 2005 年的小结。

　　中国金融业在 2005 年所发生的剧烈变化和令人目不暇接的改革,可以说是改革开放以来所没有的。原来许多不为国人所了解的金融界事件,也在不断推出的改革举措推动下,为广大的公众所知悉。在许多年之后,我们会发现,2005 年中国启动的金融改革,例如国有银行的股份制改革上市、股权分置的改革、资本充足监管的严格实施、汇率和利率的市场化,都将成为中国金融市场发展的一系列具有里程碑意义的事件。以我个人的经验与体会,2005 年金融领域改革的进展,似乎比过去十多年间的金融改革进展的总和还要大。

　　在这样一个剧烈变化的年代,作为一个金融政策的研究者,在以不同的方式参与其中的一系列改革的同时,也以经济评论、专题演讲等方式记录和分析、解释这个进程。收在这本书中的一些不成熟的文字,就是其中的一部分。不少文章,曾先后发表在国内外的不同媒体上,但是媒体在发表过程中,往往喜欢对文章进行大幅度的调整和

删节,在我看来那简直就是另外一篇文章了,自己电脑中保存的版本才是我自己认为完整的版本。所以除金融对话部分外,其余文章我就不标明曾部分发表的出处了。

在这个迅速变化的年份中,我自己的生活也不知不觉在发生变化。随着我的女儿的出生,我成为了一个女孩的父亲。我相信我与大多数父亲一样,都发自内心地认为自己的孩子是可爱的、出色的、优秀的。我经常长时间看着睡梦中的女儿的表情变化,生命真是神奇的过程,我看着她一天天长大,开始她只是会在睡梦中微笑,然后醒着的时候也会微笑,这种纯洁无瑕的微笑,真是天使的微笑。在三亚参加世界小姐总决赛的时候,我在决赛的现场睡着了,审美实在是十分个人化的体验,对我个人来说,最好看的女孩子,现在看来大概就是我女儿了。我想,只要对自己的文章和观点保持开放的心态和自我挑战的反思能力,对孩子的偏爱也是读者朋友可以理解的。若干年后,如果将来我的女儿有机会从布满尘土的书柜的角落中找到这本书并且看到这篇后记,估计也会莞尔一笑。我把这本书献给她。

随着我指导的研究生的陆续毕业,我指导的已经毕业及在读的硕士生和博士生已经超过50位。一个人的时间分配可以真实地反映他的确切的社会身份,不管他名义的社会身份是什么。对我来说,从时间分配角度考察,我可能是一个典型的大学教授。为了保持与不同高校我指导的研究生的迅捷有效的交流,我专门建立了一个基于互联网的学术讨论交流平台,每天我在这个论坛上投入的时间都有长短不等的数个小时,在办公室上班时,这个中银网论坛也是随时打开的,我与我的学生以及学生相互之间的关系,除了是师生关系、同学关系之外,也是经常在网上一起灌水的网友。我也经常用MSN与我的学生们聊天,聊天时我可能在办公室,也可能在家中,还可能是在会场,或者是在出差的旅途中。我花费了大量的时间为他们修订论文、布置作业、组织参与课题讨论,以及推荐他们到金融机构实习。

后记

尽管也有不少令人生气和失望的时候,但是从总体上,与他们的往来,是我几年来十分愉快的经历。每个人的经历与性格、特长与不足,我基本有一个大致的了解。从他们的身上,我看到了单纯与世故、稚嫩与成长、质朴与圆滑、自以为是与弄巧成拙,所以从一个老师的身份旁观,他们的许多表现,常常引发我的会心一笑。其中的不少学生,已经与我建立了亦师亦友的亲密关系。那种不设防的亲切、友好和完全的信任,在世故机巧的社会往来中,有助于保持一个人身心的健康与放松。收录在书中的一些文章,学生中的一些人可能参与了资料的搜集或者初稿的整理,在此也对他们表示感谢。

在这一年里,我也有选择性地开始担任一些机构的独立董事或者顾问,金融学是一门现实性非常强的学科,不跟踪了解第一线的动向与趋势、进展与挑战,金融研究就仅仅是一种主要用于自我陶醉功能的书斋中的学问。一个熟悉第一线市场动向的学者,他提出金融问题的方式和思路就与纯粹书斋里的学者有很大的不同。对我来说,这些不同类型的机构,给了我从内部及时了解金融市场动向的机会和条件。我本人在实际金融部门工作十余年后转到研究部门,始终不能放下对于实际问题的偏爱。我想,学者与实际部门应当有良好的互动关系来相互促进。有的媒体上似乎对学者担任独立董事等有怀疑与批评,实际上从担任上市公司、基金公司等的独立董事所需承担的责任、所需要投入的时间和精力看,如果没有一种作为研究样本进行内部分析的心态与兴趣,从经济理性的角度看是一种成本大于收益的选择。

我是在从上海飞回北京的飞机上写这篇短短的后记的。我刚刚参加了国务院发展研究中心市场经济研究所在上海的一个会议返京。行文至此,飞机就即将抵达北京了,我也应当结束我的这本书的后记了。回首 2005 年一年来的生活,辛劳与疲惫、挣扎与无奈等似乎化为烟云,对于生活我充满了感激。

感谢生活,我的奶奶和父母都身体健康,母亲多年的疾病经过手术之后恢复得很好,令人欣慰。父母之年,不可不知。我的女儿是那么可爱,正像很多为人父者所多次说过的一样,一看到孩子天真的微笑,所有在外的辛劳都一扫而光。我的太太在照顾孩子的过程中所表现出来的耐心、爱心,让我看到她身上母性的光辉。

感谢我学界的朋友、师长和我的学生,他们共同为我构筑了一个以知识和智慧为纽带的交往网络;感谢媒体的朋友,他们热心的催促,使得我的许多原本不打算写的文章也在友好的催促下完成。感谢为本书的出版作出贡献的朋友和编辑,在一个高度分工的社会网络中,要顺利地完成一件事情,例如出版一本并不重要的经济评论集,没有编辑等多个环节的友好合作也是不可能的。我也要感谢那些对我不喜欢甚至反感的人,我要告诉他们的是,我对他们的感觉与他们对我的感觉是一样的,这种反感提醒我一个人不可能让所有人满意。

最后,当然还要感谢你,我的读者,与我分享这一年里的平凡而简单的心路历程。

写于 2005 年 12 月 22 日晚从上海返京的飞机上